2級 漢字検定 ピタリ! 予想模試

目次と得点記録表

◇コメントには弱点などを書き入れ，回を追うごとに力がつくようにしてください。

◇常用漢字表に対応しています。

予想模擬テスト 1

解答には、常用漢字の旧字体や表外漢字および常用漢字音訓表以外の読みを使ってはいけない。

時間 60分
合格点 160/200
得点

(一) 次の——線の漢字の読みをひらがなで記せ。 (30) 1×30

1 不満が鬱積している。（　　）
2 国は権限の一部を地方に委譲する。（　　）
3 閣僚が責任をとり辞任した。（　　）
4 毀棄の罪に問われる。（　　）
5 歌舞伎役者が見得を切る。（　　）
6 平和な暮らしを渇望する。（　　）
7 論文の梗概をまとめる。（　　）
8 彼の生き方は刹那的だ。（　　）
9 両者の間には雲泥の差がある。（　　）
10 奉行から沙汰が伝えられる。（　　）
11 公文書での詐称は犯罪である。（　　）
12 犯人は踪跡をくらました。（　　）

(二) 次の漢字の部首を記せ。 (10) 1×10

〈例〉菜（艹）　間（門）

1 羨（　　）
2 麺（　　）
3 弄（　　）
4 再（　　）
5 窮（　　）
6 衡（　　）
7 嗣（　　）
8 充（　　）
9 戴（　　）
10 拳（　　）

(三) 熟語の構成のしかたには次のようなものがある。 (20) 2×10

ア 同じような意味の漢字を重ねたもの （岩石）

(四) 次の四字熟語について、問1と問2に答えよ。 (30)

問1 次の四字熟語の（　）に入る適切な語を下の□の中から選び、漢字二字で記せ。 (20) 2×10

1 群雄（　　）
2 外柔（　　）
3 意気（　　）
4 情状（　　）
5 前代（　　）
6 （　　）打尽
7 （　　）拙速

いちもう
かいとう
かっきょ
かんこつ
けいきょ
こうち
しゃくりょう
しょうてん
ないごう
みもん

13 毎晩のように焼酎を飲む。（　　）

14 娘は赤頭巾の話が好きだ。（　　）

15 昔は爵位を持った家柄だ。（　　）

16 がんの再発が懸念される。（　　）

17 鳥が虚空の高みに舞い上がった。（　　）

18 その事実は闇に葬られた。（　　）

19 箸にも棒にも掛からない。（　　）

20 余った費用を返戻する。（　　）

21 靴をきれいに磨く。（　　）

22 子供が犬と戯れている。（　　）

23 人を唆して金品を盗む。（　　）

24 外角低めを狙う。（　　）

25 花の香りを嗅ぐ。（　　）

26 濁流が大きな渦を巻く。（　　）

27 台風が上陸する虞がある。（　　）

28 ズボンが綻びてしまった。（　　）

29 山の麓まで紅葉が美しい。（　　）

30 お祭りの山車が通りを行く。（　　）

イ　反対または対応の意味を表す字を重ねたもの　（高低）

ウ　上の字が下の字を修飾しているもの　（洋画）

エ　下の字が上の字の目的語・補語になっているもの　（着席）

オ　上の字が下の字の意味を打ち消しているもの　（非常）

次の熟語は右のア～オのどれにあたるか、一つ選び、記号で答えよ。

1 徹宵（　　）	6 寡少（　　）
2 王妃（　　）	7 河畔（　　）
3 慶弔（　　）	8 硬軟（　　）
4 安寧（　　）	9 不慮（　　）
5 閲兵（　　）	10 奔流（　　）

8（　　）奪胎

9（　　）乱麻

10（　　）妄動

問2 次の11～15の意味にあてはまるものを問1の1～10の四字熟語から一つ選び、番号で答えよ。 (10) 2×5

11 古いものに工夫を凝らして独自のものを作ること。（　　）

12 たくさんの実力者が互いに勢力を争うこと。（　　）

13 気概の盛んなこと。（　　）

14 物事を明快に処理すること。（　　）

15 これまでにないこと。（　　）

（五）次の1〜5の対義語、6〜10の類義語を後の□の中から選び、漢字で記せ。□の中の語は一度だけ使うこと。（20）2×10

対義語

1 発奮（　　）
2 軽侮（　　）
3 疎遠（　　）
4 繁忙（　　）
5 栄転（　　）

類義語

6 起源（　　）
7 永遠（　　）
8 荘重（　　）
9 克明（　　）
10 虚構（　　）

かくう・かんさん・げんしゅく
こんい・させん・すうはい
たんねん・はっしょう
ゆうきゅう・らくたん

（七）次の各文にまちがって使われている同じ読みの漢字が一字ある。上に誤字を、下に正しい漢字を記せ。（10）2×5

1 御法度というと現在では社会習慣上の軽い僅忌を指すが、古くは武家時代の法令の一般的な呼称であった。（　）（　）

2 一部の腐敗した役人の不正事件や、官庁と特定の政治家との喩着問題が相次いで報道され、話題になった。（　）（　）

3 留守がちの家庭では、洗択物を室内に干すことが多く、除湿機が乾燥機の代わりになる。（　）（　）

4 ネズミや害虫を哺食する無毒の蛇は、家に福を呼ぶ守り神として古くから信仰の対象ともなった。（　）（　）

5 経済の情勢や予測の表現は、しばしば座傷・沈没・失速・墜落など航海や飛行に例えた用語が使われる。（　）（　）

4 神社や寺にサンケイする。（　　）
5 事業のカクジュウを目指している。（　　）
6 ドウクツに逃げこんだ。（　　）
7 議長のエッケン行為だと非難した。（　　）
8 川の水に運ばれた土砂がタイセキする。（　　）
9 集中豪雨でカセンが氾濫した。（　　）
10 アイマイな表現はやめよう。（　　）
11 上質なハチミツを出荷する。（　　）
12 肝にメイじる。（　　）
13 他人の失敗をチョウショウする。（　　）
14 固いチギリで結ばれる。（　　）

(六) 次の――線のカタカナを漢字に直せ。 (20) 2×10

1 小兵力士がソッコウで横綱を倒した。（　）
2 道路のソッコウを掃除する。（　）
3 氷がユウカイして水になる。（　）
4 ユウカイ犯が立てこもる。（　）
5 産業ハイキ物の問題は深刻だ。（　）
6 車のハイキガスが充満している。（　）
7 防火用スイソウを設置した。（　）
8 体育祭で行進曲をスイソウした。（　）
9 ツツシんで祝意を表します。（　）
10 言葉をツツシむように注意する。（　）

(八) 次の――線のカタカナを漢字一字と送りがな（ひらがな）に直せ。 (10) 2×5

〈例〉 問題にコタエル。（答える）

1 良い出来栄えをアキラメル。（　）
2 人をノノシル言葉は言いたくない。（　）
3 窓からスズシイ風が入ってきた。（　）
4 近く茶話会をモヨオス予定だ。（　）
5 化けの皮がハガレル。（　）

(九) 次の――線のカタカナを漢字に直せ。 (50) 2×25

1 カイショで文字を書く。（　）
2 仏のジヒの心を説く。（　）
3 オウセイな好奇心の持ち主だ。（　）

15 大きなドンブリで食べる。（　）
16 スギナミキの美しい道を歩く。（　）
17 シンボクの集まりが毎月ある。（　）
18 先代が会社のイシズエを築いた。（　）
19 薬をセンじて飲ませる。（　）
20 ボールを遠くまでケる。（　）
21 友と夜がフけるまで語りあった。（　）
22 他人の出世をネタむ。（　）
23 叔父の家にイソウロウしている。（　）
24 砂漠の自然はカコクだ。（　）
25 春眠アカツキを覚えず。（　）

予想模擬テスト ②

解答には、常用漢字の旧字体や表外漢字および常用漢字音訓表以外の読みを使ってはいけない。

時間 60分

合格点 160/200

得点

（一）次の――線の漢字の読みをひらがなで記せ。 (30) 1×30

1 俳諧を趣味とする。（　　）
2 漆器は日本の特産物だ。（　　）
3 返信用の便箋と封筒を用意する。（　　）
4 初めての挫折を味わう。（　　）
5 敗れはしたが一矢を報いた。（　　）
6 いたずらに惰眠をむさぼるな。（　　）
7 凄絶な人生を送った。（　　）
8 虫が花粉を媒介する。（　　）
9 終日、籠居する。（　　）
10 多くの企業を傘下に収める。（　　）
11 盛んな声援で士気を鼓舞する。（　　）
12 天然の要塞を形づくっている。（　　）
13 和洋折衷の家を建てる。（　　）

（二）次の漢字の部首を記せ。 (10) 1×10

〈例〉菜（艹）　間（門）

1 勃（　　）
2 至（　　）
3 串（　　）
4 翁（　　）
5 勾（　　）
6 乞（　　）
7 爵（　　）
8 盲（　　）
9 虜（　　）
10 骸（　　）

（三）熟語の構成のしかたには次のようなものがある。 (20) 2×10

ア　同じような意味の漢字を重ねたもの　（岩石）

（四）次の四字熟語について、問1と問2に答えよ。 (30)

問1 次の四字熟語の（　）に入る適切な語を下の□の中から選び、漢字二字で記せ。 (20) 2×10

1 安寧（　　）
2 千載（　　）
3 気宇（　　）
4 一陽（　　）
5 門戸（　　）
6（　　）篤実
7（　　）怪怪

いちぐう　おんこう　かいほう　きき　げいいん　しょう　そうだい　ちつじょ　つつ　らいふく

14 選択は恣意に任せる。（　　）
15 大雨で洪水が起きた。（　　）
16 勅命によって編まれた歌集だ。（　　）
17 恩師の訃報に驚く。（　　）
18 思い上がりと自信過剰に気をつける。（　　）
19 人格を陶冶する。（　　）
20 落とし蓋をして味を含ませる。（　　）
21 漠としてつかみどころがない。（　　）
22 僅かな食料を分けあう。（　　）
23 病身を愁える。（　　）
24 賄賂の金品を贈る。（　　）
25 逆転の好機を逸した。（　　）
26 初釜の心地よい松風を聞く。（　　）
27 富と名声を併せもつ。（　　）
28 容器に窒素ガスを充塡する。（　　）
29 糸車を回して糸を紡ぐ。（　　）
30 政府要人が拉致監禁された。（　　）

イ　反対または対応の意味を表す字を重ねたもの（高低）
ウ　上の字が下の字を修飾しているもの（洋画）
エ　下の字が上の字の目的語・補語になっているもの（着席）
オ　上の字が下の字の意味を打ち消しているもの（非常）

次の熟語は右のア～オのどれにあたるか、一つ選び、記号で答えよ。

1 開廷（　　）
2 懐郷（　　）
3 禍福（　　）
4 無恥（　　）
5 岐路（　　）
6 陥没（　　）
7 官邸（　　）
8 露見（　　）
9 忘我（　　）
10 彼我（　　）

8（　　）浦浦
9（　　）末節
10（　　）馬食

問2 次の11～15の意味にあてはまるものを問1の1～10の四字熟語から一つ選び、番号で答えよ。(10) 2×5

11 本質からはずれた細かな部分。（　　）
12 全国いたる所。（　　）
13 心構えや発想が大きいこと。（　　）
14 またとない機会。（　　）
15 制限を廃し、出入りを自由にすること。（　　）

(五) 次の1～5の対義語、6～10の類義語を後の□の中から選び、漢字で記せ。□の中の語は一度だけ使うこと。 (20) 2×10

対義語

1 素人（　　）

2 率先（　　）

3 褒賞（　　）

4 尊敬（　　）

5 分割（　　）

類義語

6 進言（　　）

7 貢献（　　）

8 監禁（　　）

9 介入（　　）

10 割愛（　　）

いっかつ・かんしょう・きよ
ぐしん・くろうと・けいぶ
しょうりゃく・ちょうばつ
ついずい・ゆうへい

(七) 次の各文にまちがって使われている同じ読みの漢字が一字ある。上に誤字を、下に正しい漢字を記せ。 (10) 2×5

1 公民館で開催された文化祭には、地域住民の絵画や陶芸の作品が展示され、踊りや民謡も被露された。（　）（　）

2 病巣を精確に把握して放射線を照射する治療装置の設置が、医療事故を危悳する声により難航している。（　）（　）

3 余剰人員の削減のため、早期退職者を募り、新規採用を見送ったが、経営はすでに破担していた。（　）（　）

4 威勢のよい駆け声に合わせて山車を引く裸の若衆の一団が、お旅所から本殿へ向かう。（　）（　）

5 過疎と高齢化に悩む地域の活性化に宰配を振るった町長が、利権がらみの汚職事件に巻き込まれ失脚した。（　）（　）

4 彼の話にリツゼンとした。（　）

5 事件のカチュウの人物を取材した。（　）

6 セイチな筆使いで絵を描く。（　）

7 両者の実力はウンデイの差がある。（　）

8 正月にシンセキが集まる。（　）

9 君はワキが甘いね。（　）

10 試験管の中でバイヨウする。（　）

11 事故車両のザンガイを処理する。（　）

12 バラのハチウえを買った。（　）

13 あとで悔やんでもセンないことだ。（　）

14 洗剤が溶けてアワが立つ。（　）

(六) 次の――線のカタカナを漢字に直せ。 (20) 2×10

1 リーダーのハケン争いに勝つ。（　）
2 国連に特使をハケンする。（　）
3 仕事の手順をコウハイに教える。（　）
4 戦禍を被り、国土はコウハイした。（　）
5 仮名を漢字にヘンカンする。（　）
6 領土ヘンカンについて話し合う。（　）
7 責任を他人にテンカする。（　）
8 食品テンカ物が問題になっている。（　）
9 最近どこもワズラったことがない。（　）
10 親の手をワズラわす。（　）

(八) 次の――線のカタカナを漢字一字と送りがな(ひらがな)に直せ。 (10) 2×5

〈例〉 問題にコタエル。（答える）

1 川でオボレルところだった。（　）
2 店舗を拡張した結果、勢いがナエタ。（　）
3 雲行きがアヤシクなってきた。（　）
4 弁護士はナメラカナ口調で語った。（　）
5 熟した柿がツブレタ。（　）

(九) 次の――線のカタカナを漢字に直せ。 (50) 2×25

1 事故を見てセンリツを覚える。（　）
2 万事、イロウがないか確かめる。（　）
3 言葉のゴロが良い。（　）

15 温泉がワき出てきた。（　）
16 ミサキの突端で魚釣りをする。（　）
17 オレでなく僕か私を使うこと。（　）
18 家族のためデカセぎに行く。（　）
19 スカートのスソを縫い上げる。（　）
20 白菜のシオヅけが好物だ。（　）
21 転んで足首をネンザした。（　）
22 ホタルの光、窓の雪。（　）
23 封筒にアて名を書く。（　）
24 ヤナギに風と受け流す。（　）
25 マクラを高くして眠る。（　）

予想模擬テスト ③

解答には、常用漢字の旧字体や表外漢字および常用漢字音訓表以外の読みを使ってはいけない。

時間 60分　合格点 160/200　得点

(一) 次の――線の漢字の読みをひらがなで記せ。(30) 1×30

1 会を主宰する立場となる。(　)
2 威勢よく四股を踏む。(　)
3 昔かたぎの律義な人だ。(　)
4 錦の衣を着て故郷に帰る。(　)
5 新会社の定款を作成する。(　)
6 禁錮の刑に処せられる。(　)
7 平安時代に怨霊を鎮めた。(　)
8 先人の偉業を礼賛する。(　)
9 疑念を払拭する。(　)
10 恒例の観桜会が楽しみだ。(　)
11 愚昧な人物にちがいない。(　)
12 腹をすえて悠然と構える。(　)
13 断崖から海に飛び込む。(　)
14 先生の言葉に感銘を受ける。(　)

(二) 次の漢字の部首を記せ。(10) 1×10

〈例〉菜（艹）　間（門）

1 毀（　）
2 摩（　）
3 尻（　）
4 甚（　）
5 殤（　）
6 殉（　）
7 亜（　）
8 辣（　）
9 某（　）
10 唄（　）

(三) 熟語の構成のしかたには次のようなものがある。(20) 2×10

ア 同じような意味の漢字を重ねたもの（岩石）

(四) 次の四字熟語について、問1と問2に答えよ。(30)

問1 次の四字熟語の（　）に入る適切な語を下の□の中から選び、漢字二字で記せ。(20) 2×10

1 読書（　）
2 唯唯（　）
3 自縄（　）
4 意気（　）
5 閑話（　）
6（　）協同
7（　）一刻

かぶ
かふく
きゅうだい
こうげん
じばく
しゅんしょう
しょうちん
だくだく
ひゃっぺん
わちゅう

15 真摯な姿勢に感心した。（　　）
16 宮殿で国王に拝謁した。（　　）
17 礼拝堂に荘厳な調べが流れた。（　　）
18 斬罪に処せられる。（　　）
19 渓流を遡行する。（　　）
20 健康回復の兆候がみられる。（　　）
21 仕事の進捗状況を報告する。（　　）
22 若者の心を捉えた。（　　）
23 恥ずかしさで顔が火照った。（　　）
24 妖しい魅力がある。（　　）
25 大声を出して人の話を遮る。（　　）
26 封筒に切手を貼る。（　　）
27 進退窮まって相談にきた。（　　）
28 肌に艶がある。（　　）
29 新居の棟上げを祝った。（　　）
30 投網に大きな魚がかかる。（　　）

イ 反対または対応の意味を表す字を重ねたもの（高低）
ウ 上の字が下の字を修飾しているもの（洋画）
エ 下の字が上の字の目的語・補語になっているもの（着席）
オ 上の字が下の字の意味を打ち消しているもの（非常）

次の熟語は右のア～オのどれにあたるか、一つ選び、記号で答えよ。

1 合掌（　　）
2 妄想（　　）
3 霊魂（　　）
4 不偏（　　）
5 去就（　　）
6 吉凶（　　）
7 学閥（　　）
8 献呈（　　）
9 営巣（　　）
10 懲悪（　　）

8（　　）得喪
9（　　）音曲
10（　　）令色

問2 次の11～15の意味にあてはまるものを問1の1～10の四字熟語から一つ選び、番号で答えよ。 (10) 2×5

11 心を合わせて事にあたること。（　　）
12 上べはつくろっても誠意がないこと。（　　）
13 何でも承知すること。（　　）
14 災いにあったり、しあわせが訪れたり、成功して出世したり、位を失ったりすること。（　　）
15 すっかりしょげかえること。（　　）

（五）次の1〜5の対義語、6〜10の類義語を後の□の中から選び、漢字で記せ。□の中の語は一度だけ使うこと。（20）2×10

対義語

1 末端（　）
2 不足（　）
3 釈放（　）
4 凝固（　）
5 設置（　）

類義語

6 醜聞（　）
7 強情（　）
8 沿革（　）
9 脅迫（　）
10 基地（　）

いかく・おめい・かじょう
がんこ・きょてん・こうそく
ちゅうすう・てっきょ・へんせん
ゆうかい

（七）次の各文にまちがって使われている同じ読みの漢字が一字ある。上に誤字を、下に正しい漢字を記せ。（10）2×5

1 光沢のある瑠璃色に、何箇所か大きな蛇の目模様の班点のある羽を持つ珍しいチョウを捕らえて歓喜した。（　）（　）
2 画伯は、陽光が波の間撃に輝く海の風景を、くだける波音まで聞こえてきそうな臨場感あふれる作品にした。（　）（　）
3 出産や育児などのために一端辞めた経験豊富な元社員を、即戦力として積極的に再雇用する企業が増えた。（　）（　）
4 地域振興策という大義名分があっても貴重な自然を切り売りすることになる開発行政は、時代作誤だ。（　）（　）
5 地球温暖化の原因となっている二酸化炭素の排出削減を先進国に義務付ける京都議定書が訂結された。（　）（　）

4 カゲンの月が空に残る。（　）
5 ダエキが混じる。（　）
6 地図にはハンレイがついている。（　）
7 詩ではヒユ表現が大切だ。（　）
8 社会人としての自覚をカンキする。（　）
9 ツルカメ算を使って問題を解く。（　）
10 私にはない彼の才能にシットする。（　）
11 証人がホウテイに呼ばれる。（　）
12 ビャッコは西方を治める神だ。（　）
13 月が中天にカかっている。（　）

(六) 次の――線のカタカナを漢字に直せ。 (20) 2×10

1 長年の宿敵をついにダトウした。（　）
2 それはダトウな意見だと思う。（　）
3 大学へのスイセン入学が決まった。（　）
4 庭にスイセンの球根を植える。（　）
5 荷物をトラックでハンソウする。（　）
6 大海原をヨットでハンソウする。（　）
7 彼はフヨウ家族が多い。（　）
8 植木鉢にフヨウ土を入れる。（　）
9 国境をオカす。（　）
10 危険をオカして行く。（　）

(八) 次の――線のカタカナを漢字一字と送りがな(ひらがな)に直せ。 (10) 2×5

〈例〉 問題にコタエル。（答える）

1 ヤセルために運動を始めた。（　）
2 人をアザケルような目付きだ。（　）
3 将来に不安のない生活がウラヤマシイ。（　）
4 名選手の引退をオシム。（　）
5 友人たちが遺族をナグサメル。（　）

(九) 次の――線のカタカナを漢字に直せ。 (50) 2×25

1 コッケイなしぐさをする。（　）
2 家の周りをドベイで囲む。（　）
3 祖父のアイガンの品々が残された。（　）
14 城にかけたノロいが解ける。（　）
15 陳謝して許しをコう。（　）
16 桜モチの季節だ。（　）
17 荷物の配送がトドコオる。（　）
18 ヒザをついて祈る。（　）
19 母親のオモカゲが浮かんでくる。（　）
20 ツメを短く切る。（　）
21 病院で医師にミてもらった。（　）
22 偉大な神をオソれ敬う。（　）
23 仏前に座してドキョウする。（　）
24 扉のカギを開ける。（　）
25 父にイケイの念を抱く。（　）

予想模擬テスト ④

解答には、常用漢字の旧字体や表外漢字および常用漢字音訓表以外の読みを使ってはいけない。

時間 60分
合格点 160/200
得点

（一）次の――線の漢字の読みをひらがなで記せ。 (30) 1×30

1 登山で爽快感を味わう。（　　）
2 迅速な処理が望まれる。（　　）
3 腰椎を骨折する。（　　）
4 監督の更迭は見送られた。（　　）
5 頰に含羞の色を浮かべる。（　　）
6 古代遺跡から石棺が発掘された。（　　）
7 親子の葛藤があった。（　　）
8 平和維持軍が駐屯している。（　　）
9 人を侮蔑した態度だ。（　　）
10 畑の土壌を改良する。（　　）
11 まずは非公式に打診した。（　　）
12 大切な伴侶を失う。（　　）
13 諸国を遍歴する。（　　）
14 趣味は広汎にわたっている。（　　）

（二）次の漢字の部首を記せ。 (10) 1×10

〈例〉菜（艹）　間（門）

1 謎（　　）
2 衷（　　）
3 膳（　　）
4 腐（　　）
5 誓（　　）
6 劾（　　）
7 冶（　　）
8 弥（　　）
9 且（　　）
10 桁（　　）

（三）熟語の構成のしかたには次のようなものがある。 (20) 2×10

ア　同じような意味の漢字を重ねたもの　（岩石）

（四）次の四字熟語について、問1と問2に答えよ。 (30)

問1 次の四字熟語の（　）に入る適切な語を下の□の中から選び、漢字二字で記せ。 (20) 2×10

1 心頭（　　）
2 極楽（　　）
3 竜頭（　　）
4 遮二（　　）
5 大言（　　）
6（　　）無双
7（　　）牛後

かちょう
けいこう
ここん
しつぼう
じょうど
そうご
だび
ちょうぼう
むに
めっきゃく

15 虹を見て幸せな気持ちになる。（　　）

16 傲慢な態度が目に余る。（　　）

17 勤務態度が原因で罷免された。（　　）

18 犯行の痕跡をとどめる。（　　）

19 共同生活では妥協も大切だ。（　　）

20 すぐに解毒剤を服用した。（　　）

21 握り拳で相手を殴った。（　　）

22 良い本を友人に薦める。（　　）

23 憧れの人に再会する。（　　）

24 大波が砕け散る。（　　）

25 二人は義兄弟の契りを結んだ。（　　）

26 顎がはずれるほど笑う。（　　）

27 子供を慈しむ姿は美しい。（　　）

28 アルバイトをして学費を稼ぐ。（　　）

29 右舷前方に島影が見えた。（　　）

30 ドアに肘をぶつけた。（　　）

イ 反対または対応の意味を表す字を重ねたもの　（高低）

ウ 上の字が下の字を修飾しているもの　（洋画）

エ 下の字が上の字の目的語・補語になっているもの　（着席）

オ 上の字が下の字の意味を打ち消しているもの　（非常）

次の熟語は右のア～オのどれにあたるか、一つ選び、記号で答えよ。

1 疎密（　　）

2 執務（　　）

3 媒介（　　）

4 和戦（　　）

5 頻度（　　）

6 慶事（　　）

7 無粋（　　）

8 剰余（　　）

9 殉職（　　）

10 抑揚（　　）

8（　　）風月

9（　　）絶佳

10（　　）落胆

問2 次の11～15の意味にあてはまるものを問1の1～10の四字熟語から一つ選び、番号で答えよ。　(10) 2×5

11 大きな組織の部下になっているよりも、小さい組織でも長になった方がよいということ。（　　）

12 精神を集中して雑念を取り去ること。（　　）

13 他のことを考えずに強引に物事を進めること。（　　）

14 初めは勢いが盛んでも、終わりがふるわないこと。（　　）

15 四季折々の美しい自然。（　　）

(五) 次の1～5の対義語、6～10の類義語を後の□の中から選び、漢字で記せ。□の中の語は一度だけ使うこと。 (20) 2×10

対義語

1 粗略（　　）
2 蓄積（　　）
3 採用（　　）
4 狭量（　　）
5 嫌悪（　　）

類義語

6 節減（　　）
7 窮地（　　）
8 座視（　　）
9 平穏（　　）
10 是認（　　）

あいこう・かいこ・かんよう
くきょう・けんやく・こうてい
しょうもう(こう)・ていちょう
ぶじ・ぼうかん

(七) 次の各文にまちがって使われている同じ読みの漢字が一字ある。上に誤字を、下に正しい漢字を記せ。 (10) 2×5

1 事業者が産業廃棄物の処分を委択する場合、先方業者の処理能力を確認することが義務付けられた。（　）（　）

2 地球温暖化の影響で氷河が湧解し水量が増えて巨大化した氷河湖が決壊すると、洪水が発生する危険がある。（　）（　）

3 史上最年少で七大陸最高峰の制把を目指した学生が、最終の山となるエベレストの登頂を成しとげた。（　）（　）

4 近幾地方の山の麓にある村の、美しい曲線を描く棚田は、住民の高齢化のため、維持が困難になっている。（　）（　）

5 繊維業界は低価格競争や国産と比べて損色のない輸入品の増加により、経営困難になっている。（　）（　）

4 見事にヘンボウをとげた。（　　）
5 テニス競技でシハイを獲得する。（　　）
6 カンペキな演奏を目ざす。（　　）
7 偉人のショウゾウ画が飾られる。（　　）
8 メイリョウな発音をする。（　　）
9 国家のアンタイを祈願する。（　　）
10 ショサイにこもって執筆をする。（　　）
11 治療したキュウシがまた痛み出した。（　　）
12 地盤がナンジャクなため危険だ。（　　）
13 ヒヨクな大地で作物を作る。（　　）

(六) 次の——線のカタカナを漢字に直せ。 (20) 2×10

1 相手のカンゲンに乗せられた。 (　　)

2 利益の一部を消費者にカンゲンする。 (　　)

3 会社は業績フシンから脱した。 (　　)

4 傷んだ屋根をフシンする。 (　　)

5 卒業式に国歌をセイショウする。 (　　)

6 ごセイショウをお喜び申し上げます。 (　　)

7 キトク権を奪う内容だ。 (　　)

8 幸いキトク状態を脱した。 (　　)

9 要点をオさえるのが遅い。 (　　)

10 他はオして知るべし。 (　　)

(八) 次の——線のカタカナを漢字一字と送りがな(ひらがな)に直せ。 (10) 2×5

〈例〉 問題にコタエル。(答える)

1 長老が会長をシカル。 (　　)

2 ミダラナ行為の罰を受ける。 (　　)

3 人口が都市部にカタヨッている。 (　　)

4 星がきらきらマタタイている。 (　　)

5 人の心をモテアソブのは罪だ。 (　　)

(九) 次の——線のカタカナを漢字に直せ。 (50) 2×25

1 暗闇ではドウコウが開く。 (　　)

2 魂がメイカイをさまよう。 (　　)

3 血液は体内をジュンカンしている。 (　　)

14 イスを会場に並べる。 (　　)

15 若いコロはサッカーをしていた。 (　　)

16 新たに事業をクワダてる。 (　　)

17 春のイブキが感じられる。 (　　)

18 酒をクみ交わす。 (　　)

19 犬がサクを乗り越えた。 (　　)

20 歴史はクり返すという。 (　　)

21 フトコロに手を入れて歩く。 (　　)

22 夜明け前からキリが立ちこめている。 (　　)

23 マユの形を美しく整える。 (　　)

24 ホオを赤らめる。 (　　)

25 ナベをつつくのは冬の楽しみだ。 (　　)

予想模擬テスト ⑤

解答には、常用漢字の旧字体や表外漢字および常用漢字音訓表以外の読みを使ってはいけない。

時間 60分
合格点 160/200
得点

(一) 次の――線の漢字の読みをひらがなで記せ。 (30) 1×30

1 瑠璃色の美しい鳥を見た。(　　)
2 式典は厳粛に執り行われた。(　　)
3 咽頭が腫れて熱が出た。(　　)
4 事態の収拾にあたる。(　　)
5 ここが肝腎な点だ。(　　)
6 国会で弾劾裁判が開かれる。(　　)
7 脊柱が湾曲している。(　　)
8 会場に紳士、淑女が集まる。(　　)
9 神主が神前で祝詞をあげる。(　　)
10 毎朝座禅を組んで修行する。(　　)
11 鎌を掛けて本心を聞き出す。(　　)
12 累積赤字の額を減らす。(　　)
13 春の嵐に桜の花が散る。(　　)
14 事故は本署の管轄内で起きた。(　　)

(二) 次の漢字の部首を記せ。 (10) 1×10

〈例〉菜（艹）　間（門）

1 淫（　　）
2 丹（　　）
3 妥（　　）
4 致（　　）
5 顎（　　）
6 呂（　　）
7 巾（　　）
8 臭（　　）
9 扉（　　）
10 刹（　　）

(三) 熟語の構成のしかたには次のようなものがある。 (20) 2×10

ア　同じような意味の漢字を重ねたもの　（岩石）

(四) 次の四字熟語について、問1と問2に答えよ。 (30)

問1 次の四字熟語の（　）に入る適切な語を下の□の中から選び、漢字二字で記せ。 (20) 2×10

1 意味（　　）
2 内憂（　　）
3 大願（　　）
4 合従（　　）
5 生者（　　）
6（　　）孤独
7（　　）当千

いっき
がいかん
かっさつ
じょうじゃ
じょうじゅ
しんちょう
てんがい
とうほん
ひつめつ
れんこう

15 私の母が曽孫と遊ぶ。（　　）
16 今週中に終えるのが必須条件だ。（　　）
17 来賓の挨拶が終わった。（　　）
18 危うく災厄を逃れた。（　　）
19 脱会者を名簿から抹消する。（　　）
20 地震により地殻変動が起こる。（　　）
21 桁はずれの数値を観測した。（　　）
22 相手を侮って試合に敗れた。（　　）
23 都合の悪い事実を隠蔽した。（　　）
24 時代を担う若者に期待する。（　　）
25 幼児が注射を泣いて嫌がる。（　　）
26 ライオンの餌食になる。（　　）
27 大量虐殺に憤りを覚える。（　　）
28 派閥の領袖の下で団結した。（　　）
29 繰り返し練習し実力を培う。（　　）
30 計画は頓挫したままだ。（　　）

イ 反対または対応の意味を表す字を重ねたもの（高低）
ウ 上の字が下の字を修飾しているもの（洋画）
エ 下の字が上の字の目的語・補語になっているもの（着席）
オ 上の字が下の字の意味を打ち消しているもの（非常）

次の熟語は右のア〜オのどれにあたるか、一つ選び、記号で答えよ。

1 造幣（　　）
2 紛糾（　　）
3 無窮（　　）
4 顕在（　　）
5 雅俗（　　）
6 発泡（　　）
7 欄外（　　）
8 虜囚（　　）
9 広狭（　　）
10 廃刊（　　）

8（　　）必衰
9（　　）自在
10（　　）西走

問2 次の11〜15の意味にあてはまるものを問1の1〜10の四字熟語から一つ選び、番号で答えよ。(10) 2×5

11 そのときの利害に応じて団結したり離れたりすること。（　　）
12 何事も思いのままにすること。（　　）
13 あちこち忙しく動きまわること。（　　）
14 人並みはずれた勇者。（　　）
15 ふかい含みがあること。（　　）

（五） 次の1～5の対義語、6～10の類義語を後の□の中から選び、漢字で記せ。□の中の語は一度だけ使うこと。 (20) 2×10

対義語

1 派遣（　　）
2 絶賛（　　）
3 虚弱（　　）
4 空虚（　　）
5 威圧（　　）

類義語

6 均衡（　　）
7 勘案（　　）
8 我慢（　　）
9 心配（　　）
10 残念（　　）

いかん・かいじゅう・がんけん
けねん・こうりょ・こくひょう
じゅうじつ・しょうかん
ちょうわ・にんたい

（七） 次の各文にまちがって使われている同じ読みの漢字が一字ある。上に誤字を、下に正しい漢字を記せ。 (10) 2×5

1 無人島にテントを張って自炊し、岩登りや釣りをする冒険の旅に小学生が、憶することなく多数参加した。（　　）（　　）

2 わが国の月探査衛星は、搭採機器の調整を終え、月面の地形や内部構造の調査など本格的な活動を始めた。（　　）（　　）

3 敷地内を小型SLが走り、さわやかな襟秋の眺望が満喫できる大規模な高原の保養地だ。（　　）（　　）

4 日本人は文明開化以来、西洋の骸念や文物の摂取に際し、多くの新しい翻訳語を生み出してきた。（　　）（　　）

5 国宝級建造物の維持に必要な木材の不足に備え、数百年抜採せず巨木の森に育てる壮大な事業が始まった。（　　）（　　）

4 電話がヒンパンにかかってくる。（　　）
5 映画を見てルイセンが緩む。（　　）
6 チュウゲン耳に逆らう。（　　）
7 パリの街にショウケイの念を抱く。（　　）
8 友人と旅行でカンコクを訪れる。（　　）
9 読書をしてゴイカを高める。（　　）
10 落ち着いたフゼイのある邸宅だ。（　　）
11 世間のうわさはシガにも掛けない。（　　）
12 工場からのハイスイコウを整備する。（　　）
13 ノドの炎症が悪化する。（　　）
14 特集記事に紙面をサいた。（　　）

(六) 次の——線のカタカナを漢字に直せ。 (20) 2×10

1 戦場にジュウダンが飛び交う。（　　）
2 自転車で日本をジュウダンする。（　　）

3 舞楽のイショウを新調した。（　　）
4 新製品のイショウ登録を申請中だ。（　　）

5 ごみの海洋トウキは禁止されている。（　　）
6 凶作のため米価がトウキした。（　　）

7 部下にはカンヨウであれ。（　　）
8 細かい気配りがカンヨウだ。（　　）

9 金属を溶かしてイ物を造る。（　　）
10 放たれた矢が的をイる。（　　）

(八) 次の——線のカタカナを漢字一字と送りがな(ひらがな)に直せ。 (10) 2×5

〈例〉 問題にコタエル。（答える）

1 先祖の墓にモウデル。（　　）
2 暴利をムサボル。（　　）
3 大河をサカノボル。（　　）
4 修理中の屋根をシートでオオウ。（　　）
5 小舟が波間をタダヨッている。（　　）

(九) 次の——線のカタカナを漢字に直せ。 (50) 2×25

1 河川がハンランする。（　　）
2 関係者に対してベンギを図る。（　　）
3 当事者のカクセイをうながす。（　　）

15 ダレでも美しい音楽が好きだ。（　　）
16 細かい仕事で肩がコった。（　　）
17 食後は必ずハミガきをする。（　　）
18 パンの焼けるニオいが漂ってきた。（　　）
19 ツツシんで新年の祝意を表す。（　　）
20 庭のカキがたわわに実る。（　　）
21 体のシンまで冷える。（　　）
22 早朝からノラ仕事に出かける。（　　）
23 アイ染めの浴衣が好きだ。（　　）
24 合宿の夜はザコ寝となった。（　　）
25 ひょうたんからコマが出る。（　　）

予想模擬テスト ❻

解答には、常用漢字の旧字体や表外漢字および常用漢字音訓表以外の読みを使ってはいけない。

時間 60分
合格点 160/200
得点

（一）次の――線の漢字の読みをひらがなで記せ。 (30) 1×30

1 カタログを無料で頒布する。（　　）
2 部署により繁閑の差がある。（　　）
3 戸籍謄本を添えて提出する。（　　）
4 勝敗に拘泥しない。（　　）
5 努力の結果が如実に表れた。（　　）
6 家族の捜索願いを警察に出す。（　　）
7 一人の老翁が登場する芝居だ。（　　）
8 日焼けした褐色の肌が美しい。（　　）
9 臣下が謀反を企てる。（　　）
10 駄賃を与えて用事を頼む。（　　）
11 昨夜は十分に睡眠を取った。（　　）
12 世俗を捨てて尼僧となる。（　　）
13 激しい運動で体力を消耗した。（　　）
14 常軌を逸脱した行為だ。（　　）

（二）次の漢字の部首を記せ。 (10) 1×10

〈例〉菜（艹）　間（門）

1 堅（　　）
2 虐（　　）
3 奪（　　）
4 凸（　　）
5 窃（　　）
6 憲（　　）
7 瓦（　　）
8 癒（　　）
9 項（　　）
10 朱（　　）

（三）熟語の構成のしかたには次のようなものがある。 (20) 2×10

ア　同じような意味の漢字を重ねたもの　（岩石）

（四）次の四字熟語について、問1と問2に答えよ。 (30)

問1 次の四字熟語の（　）に入る適切な語を下の□の中から選び、漢字二字で記せ。 (20) 2×10

1 高論（　　）
2 金科（　　）
3 精進（　　）
4 片言（　　）
5 文人（　　）
6 （　　）無量
7 （　　）実直

がでん
かんがい
ぎょくじょう
きんげん
けっさい
せきご
たいぜん
たくせつ
てんい
ぼっかく（ぼっきゃく）

15 母は富裕な家庭に育った。（　　）

16 国王に恭順の意を表す。（　　）

17 亜鉛はトタンの合金材料である。（　　）

18 戦後、財閥の解体が行われた。（　　）

19 友の苦衷を察する。（　　）

20 水脈が枯渇する。（　　）

21 腰を据えてじっくり話を聞く。（　　）

22 後で物議を醸す要因となった。（　　）

23 新しい革靴を求める。（　　）

24 金策に血眼になっている。（　　）

25 庭で霜柱を見つけた。（　　）

26 祖母は琴を上手に弾く。（　　）

27 身を翻してプールに飛び込む。（　　）

28 大敗して惨めな思いをした。（　　）

29 夜が更けるにつれ気温が下がる。（　　）

30 昔は夏に蚊帳をつった。（　　）

イ 反対または対応の意味を表す字を重ねたもの（高低）

ウ 上の字が下の字を修飾しているもの（洋画）

エ 下の字が上の字の目的語・補語になっているもの（着席）

オ 上の字が下の字の意味を打ち消しているもの（非常）

次の熟語は右のア～オのどれにあたるか、一つ選び、記号で答えよ。

1 懐古（　　）

2 培養（　　）

3 勲功（　　）

4 隠顕（　　）

5 窮地（　　）

6 模擬（　　）

7 無銘（　　）

8 逸話（　　）

9 緩急（　　）

10 開扉（　　）

8（　　）自若

9（　　）引水

10（　　）無縫

問2 次の11～15の意味にあてはまるものを**問1**の1～10の四字熟語から一つ選び、番号で答えよ。 (10) 2×5

11 絶対的なものとして守るべき教えやきまり。（　　）

12 きわめて慎み深く、誠実で正直なこと。（　　）

13 飲食を慎み、心身を清めること。（　　）

14 詩文や書画などの風雅の道に携わる人。（　　）

15 自分の都合のよいように行うこと。（　　）

（五）次の1～5の対義語、6～10の類義語を後の□の中から選び、漢字で記せ。□の中の語は一度だけ使うこと。 (20) 2×10

対義語

1 老巧（　　）
2 売却（　　）
3 詳細（　　）
4 借用（　　）
5 禁欲（　　）

類義語

6 肯定（　　）
7 雄図（　　）
8 窮乏（　　）
9 抄録（　　）
10 糸口（　　）

がいりゃく・きょうらく
こうにゅう・ぜにん・そうきょ
たんしょ(ちょ)・ちせつ
ばっすい・ひんこん・へんさい

（七）次の各文にまちがって使われている同じ読みの漢字が一字ある。上に誤字を、下に正しい漢字を記せ。 (10) 2×5

1 地震などの緊急の場合に備え、平素から家庭で否難場所や連絡方法について確認しておくことが大切だ。（　）（　）

2 人情味あふれる江戸の下町を舞台に、剣の達人である主人公が奇怪な事件に超戦する姿を描いた作品だ。（　）（　）

3 パスポートを取得するため、旅券発給の申制書に戸籍抄本や住民票などを添付して窓口に提出した。（　）（　）

4 自転車で砂利道を走行中、急に方向転換したため転倒し、両腕に擦過症を負ってしまった。（　）（　）

5 研究を重ねて開発された警備用ロボットは、侵入者を発見すると追跡し、光や音声で威穫する機能を備える。（　）（　）

4 人里からカクゼツした山間に住む。（　　）

5 結婚式のバイシャク人を頼まれる。（　　）

6 売上金は設備費にジュウトウする。（　　）

7 水やガラスの中にキホウができる。（　　）

8 若人向きの良書だとスイショウする。（　　）

9 ユウチョウなことは言ってられない。（　　）

10 新しく寺院がコンリュウされた。（　　）

11 会社のドウリョウと旅行に行く。（　　）

12 経営赤字のルイセキに頭を痛める。（　　）

13 柔よくゴウを制す。（　　）

（六） 次の——線のカタカナを漢字に直せ。 (20) 2×10

1 父がタンセイこめた盆栽だ。（　）
2 思わずタンセイを発する。（　）

3 各閣僚が総理カンテイに入った。（　）
4 港湾にカンテイが集結した。（　）

5 言葉の乱れにケイショウを鳴らす。（　）
6 古来の伝統を代々ケイショウする。（　）

7 担当医のゴシンで処置が遅れた。（　）
8 ゴシン術として武道を習う。（　）

9 親友の死をイタむ。（　）
10 屋根がイタんで雨漏りがする。（　）

（八） 次の——線のカタカナを漢字一字と送りがな（ひらがな）に直せ。 (10) 2×5

〈例〉 問題にコタエル。（答える）

1 常識外れもハナハダシイ。（　）
2 神前でウヤウヤシク頭を下げる。（　）
3 流行はスタレやすいものだ。（　）
4 台風はサイワイ、東にそれた。（　）
5 突然の降雨がウラメシイ。（　）

（九） 次の——線のカタカナを漢字に直せ。 (50) 2×25

1 綱紀をシュクセイする。（　）
2 本部とキンミツな連絡を取る。（　）
3 地価の異常なコウトウを招く。（　）

14 折からのシグレがやんだ。（　）
15 結婚のナコウドを依頼された。（　）
16 捜し物が部屋のスミから出てきた。（　）
17 創立記念のモヨオしを行う。（　）
18 お互いに技をキソい合う。（　）
19 自分のアヤマちを素直に認めた。（　）
20 巨大な岩が行く手をハバむ。（　）
21 土地の面積をツボ数に換算する。（　）
22 作業の合間に木陰でイコう。（　）
23 腹の底がニえくり返る。（　）
24 人ごみでもヒトキワ目立つ服装だ。（　）
25 ナマけ者の節句働き。（　）

予想模擬テスト 7

解答には、常用漢字の旧字体や表外漢字および常用漢字音訓表以外の読みを使ってはいけない。

時間 60分　合格点 160/200　得点

（一）次の――線の漢字の読みをひらがなで記せ。 (30) 1×30

1 人口はこの十年間逓減している。（　　）
2 活動への協力を懇願する。（　　）
3 顔付きも体型も酷似している。（　　）
4 不肖ながら誠心誠意努力します。（　　）
5 今日はまずまずの釣果だ。（　　）
6 病院内で細菌に感染した。（　　）
7 各地の史跡を行脚してきた。（　　）
8 上司は寛容な態度で接した。（　　）
9 証人として出廷する。（　　）
10 資金集めに狂奔している。（　　）
11 堪忍袋の緒が切れる。（　　）
12 卒業して幾星霜が過ぎた。（　　）
13 器物損壊の嫌疑がはれた。（　　）

（二）次の漢字の部首を記せ。 (10) 1×10

〈例〉菜（艹）　間（門）

1 傑（　　）
2 蛍（　　）
3 岬（　　）
4 赴（　　）
5 突（　　）
6 瓶（　　）
7 辞（　　）
8 克（　　）
9 廉（　　）
10 畝（　　）

（三）熟語の構成のしかたには次のようなものがある。 (20) 2×10

ア 同じような意味の漢字を重ねたもの　（岩石）

（四）次の四字熟語について、問1と問2に答えよ。 (30)

問1 次の四字熟語の（　）に入る適切な語を下の□の中から選び、漢字二字で記せ。 (20) 2×10

1 比翼（　　）
2 空中（　　）
3 和敬（　　）
4 刻苦（　　）
5 一念（　　）
6（　　）不抜
7（　　）止水

けんにん　しゅうそう　せいじゃく　たき　べんれい　ほっき　めいきょう　れいかん　れんり　ろうかく

14 悪貨は良貨を駆逐する。（　　）
15 食中毒の症状が現れる。（　　）
16 人々の倫理観が問われている。（　　）
17 朝鮮では儒教が重んじられた。（　　）
18 台風の被害が甚大のようだ。（　　）
19 市中には硝煙がたちこめた。（　　）
20 失われた秩序を回復する。（　　）
21 仕事は宵の内に終わった。（　　）
22 足が滑って溝に落ちた。（　　）
23 懐かしい故郷の家に帰る。（　　）
24 ゴール寸前で競り合った。（　　）
25 仲間と祝杯を酌み交わす。（　　）
26 経歴を偽って立候補する。（　　）
27 梅をながめ逝く春を惜しむ。（　　）
28 紅葉が秋の山野を彩る。（　　）
29 泥縄式のやり方で失敗した。（　　）
30 彼の演技は玄人はだしだ。（　　）

イ　反対または対応の意味を表す字を重ねたもの（高低）
ウ　上の字が下の字を修飾しているもの（洋画）
エ　下の字が上の字の目的語・補語になっているもの（着席）
オ　上の字が下の字の意味を打ち消しているもの（非常）

次の熟語は右のア〜オのどれにあたるか、一つ選び、記号で答えよ。

1 余韻（　　）
2 寛厳（　　）
3 扶助（　　）
4 未熟（　　）
5 争覇（　　）
6 存廃（　　）
7 点滅（　　）
8 還元（　　）
9 閑静（　　）
10 浄財（　　）

8（　　）烈日
9（　　）三斗
10（　　）亡羊

問2　次の11〜15の意味にあてはまるものを問1の1〜10の四字熟語から一つ選び、番号で答えよ。(10) 2×5

11 方針や進路がいろいろあって迷うこと。（　　）
12 我慢強くて初心を変えない様子。（　　）
13 根拠のないこと。（　　）
14 刑罰・権威・意志などがきわめて厳しいたとえ。（　　）
15 思い立って何かを始めようとすること。（　　）

（五）次の1～5の対義語、6～10の類義語を後の□の中から選び、漢字で記せ。□の中の語は一度だけ使うこと。 (20) 2×10

対義語

1 芳香（　）
2 受諾（　）
3 払底（　）
4 自生（　）
5 仙境（　）

類義語

6 削除（　）
7 心酔（　）
8 譲歩（　）
9 寄与（　）
10 傑出（　）

あくしゅう・きょぜつ・けいとう
こうけん・さいばい・ぞっかい
だきょう・たくばつ・ほうふ
まっしょう

（七）次の各文にまちがって使われている同じ読みの漢字が一字ある。上に誤字を、下に正しい漢字を記せ。 (10) 2×5

1 学生で収入がない人は、窓口に申請し承認を受けると、国民年金保険料の納付を裕予される。（　）（　）

2 加工食品の容器や包層には原材料、賞味期限、保存方法等が表示されている。（　）（　）

3 欧州経済統合の象徴とも言える単一通貨ユーロの紙幣と高貨の流通が、十二か国で始まった。（　）（　）

4 経営再建の一環として業績不振の事業を処分するため、年度末を目途に数社と個別に交衝を進めている。（　）（　）

5 干託事業のため、湾奥部が堤防で閉め切られてから、海に異変が起きて生態系が変わってきた。（　）（　）

4 不正が判明してカイコされた。（　）
5 いずれもコウオツつけ難い成績だ。（　）
6 鉄棒にぶら下がりケンスイする。（　）
7 自然の恩恵をキョウジュする。（　）
8 キセイの概念にとらわれない発想だ。（　）
9 台所にキュウトウ器を設置する。（　）
10 各地をユウゼイして回る。（　）
11 河川にはジジョウ作用がある。（　）
12 ジュウコウを空に向けて撃つ。（　）
13 スハダに浴衣を着てくつろぐ。（　）

（六）次の――線のカタカナを漢字に直せ。（20）2×10

1 率先スイハンして見せる。（　）
2 電気スイハン器を買い替える。（　）
3 神のケイジを受ける。（　）
4 電光ケイジ板を設置する。（　）
5 長旅で心身ともにヒロウした。（　）
6 結婚のヒロウ宴に出席した。（　）
7 ケイチョウ用の礼服をあつらえた。（　）
8 人の命にケイチョウはない。（　）
9 時間をサいて映画を見た。（　）
10 生木をサかれる思いだ。（　）

（八）次の――線のカタカナを漢字一字と送りがな（ひらがな）に直せ。（10）2×5

〈例〉問題にコタエル。（答える）

1 人を不安にオトシイレル。（　）
2 敵をアナドルなかれ。（　）
3 世間からホウムラれた。（　）
4 両者のヘダタリは大きかった。（　）
5 視界をサエギルものは何もない。（　）

（九）次の――線のカタカナを漢字に直せ。（50）2×25

1 相手のチョウハツに乗るな。（　）
2 相互の債務をソウサイする。（　）
3 猿が歯をむき出して相手をイカクした。（　）

14 雨にぬれてミジめな姿になった。（　）
15 月をナガめて句作にふける。（　）
16 コンクリートをワクに流し込む。（　）
17 待てば海路のヒヨリあり。（　）
18 無理な要求はコバむ。（　）
19 アワただしく帰省する。（　）
20 彼は一芸にヒイでた人物だ。（　）
21 回り道はカシコい判断だった。（　）
22 凸凹のジャリ道を車が通る。（　）
23 一寸の虫にも五分のタマシイ。（　）
24 厳しい修行でサトりを開いた。（　）
25 負うた子に教えられてアサセを渡る。（　）

予想模擬テスト ❽

解答には、常用漢字の旧字体や表外漢字および常用漢字音訓表以外の読みを使ってはいけない。

時間 60分
合格点 160/200
得点

(一) 次の――線の漢字の読みをひらがなで記せ。 (30) 1×30

1 何事も中庸が大事だ。 （　　）
2 手術用具を煮沸する。 （　　）
3 興味津津の話題作だ。 （　　）
4 谷間の渓流で魚を釣る。 （　　）
5 借財の償還を済ませた。 （　　）
6 公衆の面前で醜態をさらす。 （　　）
7 浮腫の原因を病院で突き止める。 （　　）
8 古今東西の資料を渉猟する。 （　　）
9 明日は払暁に出発します。 （　　）
10 高原の清澄な空気を吸う。 （　　）
11 見事なまでに透徹した理論だ。 （　　）
12 哀愁を帯びた笛の音だ。 （　　）
13 誘拐事件が解決する。 （　　）

(二) 次の漢字の部首を記せ。 (10) 1×10

〈例〉 菜（艹） 間（門）

1 塀 （　　）
2 懲 （　　）
3 戒 （　　）
4 顧 （　　）
5 囚 （　　）
6 碁 （　　）
7 窯 （　　）
8 献 （　　）
9 崎 （　　）
10 享 （　　）

(三) 熟語の構成のしかたには次のようなものがある。 (20) 2×10

ア 同じような意味の漢字を重ねたもの （岩石）

(四) 次の四字熟語について、問1と問2に答えよ。 (30)

問1 次の四字熟語の（　）に入る適切な語を下の□の中から選び、漢字二字で記せ。 (20) 2×10

1 延命（　　）
2 悪戦（　　）
3 一所（　　）
4 軽薄（　　）
5 南船（　　）
6 （　　）進退
7 （　　）盛衰

きょくがく
えいこ
かんぜん
くとう
けんめい
しゅっしょ
しんら
そくさい
たんしょう
ほくば

14 海藻類は体によい食物だ。（　）
15 新聞の時事川柳を読む。（　）
16 次回は拙宅にお招きします。（　）
17 親書に国璽を押す。（　）
18 不正行為で諭旨免職になる。（　）
19 決勝戦の土壇場で逆転した。（　）
20 粘り抜いて初陣を飾った。（　）
21 道でばったり鉢合わせする。（　）
22 原稿用紙の升目をうめる。（　）
23 蚕の繭は生糸の原料となる。（　）
24 天下を統べる大望を抱く。（　）
25 足音を忍ばせて近づく。（　）
26 夜ふかしは体に障る。（　）
27 潔く負けを認めた。（　）
28 賞状を漆塗りの文箱に納める。（　）
29 山の洞穴でひと休みする。（　）
30 伝馬船で荷物を陸揚げする。（　）

イ 反対または対応の意味を表す字を重ねたもの　（高低）
ウ 上の字が下の字を修飾しているもの　（洋画）
エ 下の字が上の字の目的語・補語になっているもの　（着席）
オ 上の字が下の字の意味を打ち消しているもの　（非常）

次の熟語は右のア〜オのどれにあたるか、一つ選び、記号で答えよ。

1 無謀（　）
2 叙勲（　）
3 悲哀（　）
4 患部（　）
5 乾湿（　）
6 贈賄（　）
7 検疫（　）
8 孤塁（　）
9 真偽（　）
10 刀剣（　）

8（　）万象
9（　）懲悪
10（　）阿世

問2 次の11〜15の意味にあてはまるものを問1の1〜10の四字熟語から一つ選び、番号で答えよ。 (10) 2×5

11 真剣に物事に打ち込むこと。（　）
12 身の振り方。（　）
13 宇宙に存在するすべてのもの。（　）
14 あちこち広く旅行すること。（　）
15 困難を乗り越えようと非常に努力すること。（　）

（五） 次の1～5の対義語、6～10の類義語を後の□の中から選び、漢字で記せ。□の中の語は一度だけ使うこと。 (20) 2×10

対義語

1 直進（　　）
2 汚染（　　）
3 過激（　　）
4 発病（　　）
5 愛護（　　）

類義語

6 懲戒（　　）
7 親密（　　）
8 対価（　　）
9 気分（　　）
10 扇動（　　）

おんけん・きげん・ぎゃくたい
こんい・しょばつ・せいじょう
だこう・ちゆ・ちょうはつ
ほうしゅう

（七） 次の各文にまちがって使われている同じ読みの漢字が一字ある。上に誤字を、下に正しい漢字を記せ。 (10) 2×5

1 関ヶ原の合戦が戦乱の世に終止符を打つと、新秩序創成の泰動が見られるようになった。（　）（　）

2 十八歳で幕府の執権職に就き、元の襲来を退けて三十四歳で没した北条時宗の生該は短く波乱に満ちていた。（　）（　）

3 中国で誕生した水墨画は、日本に伝わった後、独自の発展を遂げ、より線細な芸術に昇華したともいわれる。（　）（　）

4 豊富な色や形、素材で作られるビーズ手芸は、手軽さと工夫を凝らせるのが味力で、女性に人気がある。（　）（　）

5 ごみの不法投棄や電車・バスの車内でのマナー欠徐など、社会における規範意識の低下は深刻な問題だ。（　）（　）

4 街のガロウで個展を催す。（　）
5 小さなスイソウでメダカを飼う。（　）
6 現代社会に対するケイショウを鳴らす。（　）
7 家族の運命をソウケンに担う。（　）
8 諸問題をホウカツ的に話し合う。（　）
9 両者が歩み寄ってダケツした。（　）
10 期待と不安がコウサクする。（　）
11 出張旅費をガイサンで払う。（　）
12 やっとケンアンの事項が解決した。（　）
13 暑さ寒さもヒガンまで。（　）
14 知人宅をチョウモンに訪れる。（　）

(六) 次の――線のカタカナを漢字に直せ。 (20) 2×10

1 ジョウザイの方が飲みやすい。 (　　)
2 本堂修理のジョウザイを集める。 (　　)

3 人生についてシサクを深める。 (　　)
4 行政のシサクは月末に発表される。 (　　)

5 党のコウリョウを改める。 (　　)
6 冬枯れのコウリョウたる景色だ。 (　　)

7 ユウシを抱いて故郷をたつ。 (　　)
8 ユウシ鉄線を張り巡らす。 (　　)

9 決して弱音をハかない。 (　　)
10 庭の落ち葉をハき集める。 (　　)

(八) 次の――線のカタカナを漢字一字と送りがな(ひらがな)に直せ。 (10) 2×5

〈例〉 問題にコタエル。 (答える)

1 話しぶりのオダヤカナ人だ。 (　　)
2 おクヤミを述べた。 (　　)
3 口をスッパクして注意した。 (　　)
4 大雪で家がウモレル心配がある。 (　　)
5 梅雨時は辺りがシメッポイ。 (　　)

(九) 次の――線のカタカナを漢字に直せ。 (50) 2×25

1 ユウソウな行進曲で入場する。 (　　)
2 兄はユウズウのきく人間だ。 (　　)
3 文具店でボクジュウを購入する。 (　　)

15 アマグツが欠かせない季節だ。 (　　)
16 文化のカオりが満ちあふれている。 (　　)
17 病気回復のキザしが見えた。 (　　)
18 人にソソノカされて悪事に走った。 (　　)
19 お門違いもハナハだしい。 (　　)
20 カの鳴くような声で答えた。 (　　)
21 参加の返事を出しシブる。 (　　)
22 年の割りにはフけた感じだ。 (　　)
23 ご臨席タマワりたいと存じます。 (　　)
24 二階のサジキ席から観劇する。 (　　)
25 最後まで初心をツラヌく。 (　　)

予想模擬テスト 9

解答には、常用漢字の旧字体や表外漢字および常用漢字音訓表以外の読みを使ってはいけない。

時間 60分

合格点 160/200

得点

(一) 次の――線の漢字の読みをひらがなで記せ。 (30) 1×30

1 美しい旋律にうっとりする。（　　）
2 車が頻繁に出入りする所だ。（　　）
3 横綱を倒し殊勲賞を獲得した。（　　）
4 名家の嫡男として生まれた。（　　）
5 優勝して賜杯を受ける。（　　）
6 証明書に押印する。（　　）
7 避暑地は閑散としている。（　　）
8 人生の意義に懐疑を抱く。（　　）
9 高齢者が漸増する傾向にある。（　　）
10 文章の意味を把握する。（　　）
11 積年の宿弊を一掃する。（　　）
12 偏食して体調を崩す。（　　）
13 公衆の面前で侮辱を受ける。（　　）

(二) 次の漢字の部首を記せ。 (10) 1×10

〈例〉 菜（艹） 間（門）

1 辱（　　）
2 隷（　　）
3 痢（　　）
4 丙（　　）
5 羅（　　）
6 弊（　　）
7 冊（　　）
8 乏（　　）
9 竜（　　）
10 呈（　　）

(三) 熟語の構成のしかたには次のようなものがある。 (20) 2×10

ア 同じような意味の漢字を重ねたもの （岩石）

(四) 次の四字熟語について、問1と問2に答えよ。 (30)

問1 次の四字熟語の（　）に入る適切な語を下の□の中から選び、漢字二字で記せ。 (20) 2×10

1 会者（　　）
2 汗牛（　　）
3 孤軍（　　）
4 初志（　　）
5 終始（　　）
6（　　）万紅
7（　　）皆伝

いっかん
いんにん
かんてつ
こじょう
じゅうとう
じょうり
せいこう
せんし
ふんとう
めんきょ

14 違反者を懲罰に処する。（　）
15 報告書に図表を挿入する。（　）
16 四肢を広げて横たわる。（　）
17 二人の実力は伯仲している。（　）
18 事故の責任を糾明する。（　）
19 遺族に弔慰金を贈る。（　）
20 瓶詰めの牛乳を買ってくる。（　）
21 道端の木陰で涼む。（　）
22 息子の成績を褒める。（　）
23 弱い者を虐げてはいけない。（　）
24 隣の話し声が筒抜けだ。（　）
25 まるで蛇ににらまれた蛙《かえる》だ。（　）
26 会社は倒産の危機に堪えた。（　）
27 人を蔑んだような目をしている。（　）
28 星が夜空に美しく瞬く。（　）
29 柳に雪折れなし。（　）
30 神楽の音が村に響く。（　）

イ 反対または対応の意味を表す字を重ねたもの（高低）
ウ 上の字が下の字を修飾しているもの（洋画）
エ 下の字が上の字の目的語・補語になっているもの（着席）
オ 上の字が下の字の意味を打ち消しているもの（非常）

次の熟語は右のア～オのどれにあたるか、一つ選び、記号で答えよ。

1 献身（　）
2 独吟（　）
3 屈伸（　）
4 充満（　）
5 奉職（　）
6 不詳（　）
7 妙齢（　）
8 惜別（　）
9 未遂（　）
10 謹呈（　）

8（　）落日
9（　）雨読
10（　）自重

問2 次の11～15の意味にあてはまるものを問1の1～10の四字熟語から一つ選び、番号で答えよ。(10) 2×5

11 花が色とりどりに咲き乱れていること。（　）
12 勢いが衰えて心細いさま。（　）
13 決意したことを最後までつらぬき通すこと。（　）
14 蔵書が非常に多いことのたとえ。（　）
15 苦しみなどをじっとこらえて軽々しい行動をとらないこと。（　）

（五）次の1～5の対義語、6～10の類義語を後の□の中から選び、漢字で記せ。□の中の語は一度だけ使うこと。

(20) 2×10

対義語

1 拒絶（　　）
2 淑女（　　）
3 獲得（　　）
4 慶賀（　　）
5 隆起（　　）

類義語

6 計略（　　）
7 解雇（　　）
8 面倒（　　）
9 調和（　　）
10 回顧（　　）

あいとう・かんぼつ・きんこう
さくぼう・じゅだく・しんし
そうしつ・ついおく・ひめん
やっかい

（七）次の各文にまちがって使われている同じ読みの漢字が一字ある。上に誤字を、下に正しい漢字を記せ。

(10) 2×5

1 木の枝に付いた昆虫の卵やさなぎ、繭は子供たちが自然を観察する格幸の材料である。（　）（　）

2 低公害で注目される燃料電池車は、水素と酸素を反応させて電気エネルギーを生み出し、水だけを廃出する。（　）（　）

3 WTO加盟後の中国農業は、連価な穀物の輸入による打撃が心配されたが、予想以上の競争力を維持している。（　）（　）

4 糖尿病は、治療の遅れや不拙生な生活が続いた場合、重い合併症を引き起こすことのある怖い病気だ。（　）（　）

5 天候が急変して暗雲が立ち込め、天地も裂けるような大音叫と共に稲妻が走り、大粒の雨が降ってきた。（　）（　）

4 大火で消防隊員がジュンショクした。（　　）
5 朝の国道はジュウタイしていた。（　　）
6 野菜を促成サイバイする。（　　）
7 マテン楼がそびえ立っている。（　　）
8 豪華なテイタクを構える。（　　）
9 在庫の有無を本社にショウカイする。（　　）
10 現状をコウテイする。（　　）
11 漢字を部首サクインで調べる。（　　）
12 先輩の話に大いにケイハツされた。（　　）
13 シュに交われば赤くなる。（　　）

（六）次の——線のカタカナを漢字に直せ。(20) 2×10

1 彼女はコウショウな趣味を持つ。（　）
2 外国とのコウショウにあたる。（　）
3 バブルで地価がボウトウした。（　）
4 会談はボウトウから紛糾した。（　）
5 統合により大企業のサンカに入る。（　）
6 戦乱のサンカに見舞われる。（　）
7 チョウハツ的な態度に踊らされた。（　）
8 チョウハツを済ませ身ぎれいになる。（　）
9 山のハに月が懸かる。（　）
10 包丁のハがこぼれた。（　）

（八）次の——線のカタカナを漢字一字と送りがな（ひらがな）に直せ。(10) 2×5

〈例〉問題にコタエル。（答える）

1 古新聞をまとめてひもでシバル。（　）
2 雨がしっとりと大地をウルオシた。（　）
3 克己心をツチカウことが大切だ。（　）
4 できるだけ平静をヨソオウ。（　）
5 父は単身で任地にオモムイた。（　）

（九）次の——線のカタカナを漢字に直せ。(50) 2×25

1 規制のテッパイを求めている。（　）
2 領土のヘンカンが話題になる。（　）
3 土地のジョウト契約を交わす。（　）
14 コウヤの白ばかま。（　）
15 百日のモに服する。（　）
16 看板にイツワりなし。（　）
17 勝ってかぶとのオを締めよ。（　）
18 条文にタダし書きをつける。（　）
19 玄関先に石をスえる。（　）
20 強じんなハガネのような筋肉だ。（　）
21 一人二千円の会費でマカナう。（　）
22 わが子をイツクしみ育てる。（　）
23 春のウレいを詠んだ短歌が多い。（　）
24 海岸でカイガラを拾う。（　）
25 上手の手から水がモれる。（　）

予想模擬テスト ⑩

解答には、常用漢字の旧字体や表外漢字および常用漢字音訓表以外の読みを使ってはいけない。

時間 60分
合格点 160/200
得点

（一）次の――線の漢字の読みをひらがなで記せ。 (30) 1×30

1 地震で傷んだ塀を普請する。（　　）
2 結婚披露の宴に出席する。（　　）
3 友達の窮状を救いたい。（　　）
4 航空機の搭乗券を購入する。（　　）
5 自由奔放に生きた人生だった。（　　）
6 契約の破棄を申し渡す。（　　）
7 波の音の擬音は効果があった。（　　）
8 子供を塾に通わせる。（　　）
9 塁審がアウトを宣告する。（　　）
10 お手伝いの報酬を受ける。（　　）
11 知人の逝去の報に接した。（　　）
12 滋養のある食物を食べる。（　　）
13 試合は一対一の均衡を保つ。（　　）
14 実験用に細菌を培養する。（　　）

（二）次の漢字の部首を記せ。 (10) 1×10

〈例〉菜（艹）　間（門）

1 徹（　　）
2 畜（　　）
3 歳（　　）
4 戯（　　）
5 剖（　　）
6 刃（　　）
7 索（　　）
8 汁（　　）
9 雇（　　）
10 邪（　　）

（三）熟語の構成のしかたには次のようなものがある。 (20) 2×10

ア 同じような意味の漢字を重ねたもの　（岩石）

（四）次の四字熟語について、問1と問2に答えよ。 (30)

問1 次の四字熟語の（　）に入る適切な語を下の□の中から選び、漢字二字で記せ。 (20) 2×10

1 首尾（　　）
2 粉骨（　　）
3 神出（　　）
4 白砂（　　）
5 綱紀（　　）
6（　　）同舟
7（　　）薄命

いっかん
かじん
きぼつ
ごえつ
さいしん
しゅくせい
すいせい
せいしょう
こうとう
らっか

15 知人の訃報が届いた。（　　）

16 未踏峰征服の壮挙を成し遂げた。（　　）

17 愚痴を言ってもしかたがない。（　　）

18 組織の枢要なポストについた。（　　）

19 相互扶助の精神が大切である。（　　）

20 俊足の外野手としてならした。（　　）

21 国王からお言葉を賜る。（　　）

22 一筋縄ではいかない男だ。（　　）

23 晩秋の肌寒い一日だった。（　　）

24 武芸に秀でた人材を集めた。（　　）

25 仕事の傍ら郷土史を研究する。（　　）

26 核兵器が世界を脅かす。（　　）

27 数奇屋造りの旅館に泊まる。（　　）

28 暁の空に富士がそびえる。（　　）

29 学長の講演を謹んで聞く。（　　）

30 宿の浴衣に着替える。（　　）

イ　反対または対応の意味を表す字を重ねたもの　（高低）

ウ　上の字が下の字を修飾しているもの　（洋画）

エ　下の字が上の字の目的語・補語になっているもの　（着席）

オ　上の字が下の字の意味を打ち消しているもの　（非常）

次の熟語は右のア～オのどれにあたるか、一つ選び、記号で答えよ。

1 懸命（　　）

2 鉄瓶（　　）

3 検閲（　　）

4 醜態（　　）

5 不遇（　　）

6 遭難（　　）

7 凡庸（　　）

8 巧拙（　　）

9 棄権（　　）

10 雲泥（　　）

8（　　）夢死

9（　　）流水

10（　　）無稽

問2　次の11～15の意味にあてはまるものを問1の1～10の四字熟語から一つ選び、番号で答えよ。　(10) 2×5

11 何をなすこともなく、無目的な日々を過ごすこと。（　　）

12 仲の良くない者が一緒にいること。（　　）

13 終始、方針や態度が変わらないこと。（　　）

14 政治家や役人の乱れた規律を厳しく引きしめること。（　　）

15 海辺の美しい景観。（　　）

(五) 次の1～5の対義語、6～10の類義語を後の□の中から選び、漢字で記せ。□の中の語は一度だけ使うこと。 (20) 2×10

対義語

1 豪放（　　）
2 巧妙（　　）
3 下落（　　）
4 厳格（　　）
5 侵害（　　）

類義語

6 丁寧（　　）
7 貧乏（　　）
8 非情（　　）
9 推移（　　）
10 根絶（　　）

かんよう・こんきゅう・せつれつ・せんさい・たんねん・とうき・へんせん・ぼくめつ・ようご・れいこく

(七) 次の各文にまちがって使われている同じ読みの漢字が一字ある。上に誤字を、下に正しい漢字を記せ。 (10) 2×5

1 森林の密度を調整する間伐は、個体間の競争の緩和と残った樹木の生長の即進を主要な目的とする。（　）（　）

2 足に合わない靴を掃き続けると様々な障害が起こり、健康が損なわれる危険がある。（　）（　）

3 海岸に面した丘陵の上の旅館は、展望浴場から雄大な眺めを満詰できると評判を呼んでいる。（　）（　）

4 出格子や土壁に見られる伝統的意粧を今に残す町家や歴史的景観の保存を義務付ける制度が創設された。（　）（　）

5 写真コンクール応募作品を厳正に審査したが、最優秀賞の該当作品はなく、入選作五点が選ばれた。（　）（　）

4 鬼の居ぬ間にセンタク。（　　）
5 研究資料の一部がフンシツした。（　　）
6 ライヒンとして祝辞を述べる。（　　）
7 入賞者にホウビを与えた。（　　）
8 五輪をユウチする機運が高まる。（　　）
9 新聞各社はイッセイに号外を出した。（　　）
10 顔のリンカクが父親と似ている。（　　）
11 国際情勢はキンパクの度を増した。（　　）
12 選挙区ごとの票数をルイケイする。（　　）
13 コウカイ先に立たず。（　　）

(六) 次の――線のカタカナを漢字に直せ。(20) 2×10

1 大型台風のキョウイにおびえる。( )
2 キョウイ的な記録を樹立した。( )
3 ショウガイ忘れることはない。( )
4 他社とのショウガイに携わる。( )
5 山頂でセイチョウな空気を吸う。( )
6 歌う前にセイチョウを整える。( )
7 山間のケイコクに沿って登る。( )
8 乱暴なプレーにケイコクを発す。( )
9 趣向をコらした独創的な作品だ。( )
10 いたずらっ子をコらしめる。( )

(八) 次の――線のカタカナを漢字一字と送りがな(ひらがな)に直せ。(10) 2×5

〈例〉問題にコタエル。(答える)

1 意を決して難関にイドム。( )
2 計画の実行をウナガシた。( )
3 世間の事情にウトイ人だ。( )
4 彼の発言が物議をカモシた。( )
5 厳しい練習で選手をキタエル。( )

(九) 次の――線のカタカナを漢字に直せ。(50) 2×25

1 任務を無事にカンスイした。( )
2 一週間のユウヨを与える。( )
3 和やかなフンイキが漂っていた。( )
14 お金では心の傷はツグナえない。( )
15 焼き魚がクロコげになった。( )
16 田舎にいるオジは父の弟です。( )
17 お年寄りに座席をユズる。( )
18 手作業で綿から糸をツムぐ。( )
19 民主国家としてウブゴエをあげた。( )
20 複雑な事情がカラんでいる。( )
21 シロウト離れした見事な演技だ。( )
22 麻薬の密輸をミズギワで食い止めた。( )
23 流行語はスタれるのも早い。( )
24 笛吹けどもオドらず。( )
25 ヨイの口から底冷えがする。( )

予想模擬テスト 11

解答には、常用漢字の旧字体や表外漢字および常用漢字音訓表以外の読みを使ってはいけない。

時間 60分　合格点 160/200　得点

(一) 次の――線の漢字の読みをひらがなで記せ。 (30) 1×30

1 過度の運動を自粛している。（　）
2 峠にかかると眺望が開けた。（　）
3 隠し事が露見して慌てる。（　）
4 カンガルーは有袋類である。（　）
5 交通事故で記憶を喪失する。（　）
6 戸籍抄本を取り寄せる。（　）
7 妃殿下にお目にかかる。（　）
8 料理にレモンの果汁を垂らす。（　）
9 冷蔵庫に脱臭剤を入れる。（　）
10 脱獄した囚人が捕まる。（　）
11 患者は外科の病棟にいる。（　）
12 拾得物を交番に預けた。（　）
13 神社で家族の安泰を祈願する。（　）
14 蛍雪の功を積む。（　）

(二) 次の漢字の部首を記せ。 (10) 1×10

〈例〉菜（艹）　間（門）

1 亭（　）
2 喪（　）
3 韻（　）
4 奨（　）
5 賄（　）
6 痴（　）
7 款（　）
8 塑（　）
9 卓（　）
10 匿（　）

(三) 熟語の構成のしかたには次のようなものがある。 (20) 2×10

ア 同じような意味の漢字を重ねたもの　（岩石）

(四) 次の四字熟語について、問1と問2に答えよ。 (30)

問1 次の四字熟語の（　）に入る適切な語を下の□の中から選び、漢字二字で記せ。 (20) 2×10

1 危急（　）
2 気炎（　）
3 志操（　）
4 試行（　）
5 昼夜（　）
6 （　）堂堂
7 （　）剛健

いふう
かんきゅう
けんご
けんこう
さくご
しつじつ
ぜひ
そんぼう
ばんじょう
ふへん

15 二人は犬猿の仲だ。（　）

16 料理の素材をよく吟味する。（　）

17 父は盆栽の手入れをする。（　）

18 結婚してすぐ妊娠した。（　）

19 氏名と住所を併記しておく。（　）

20 封筒にあて名を書く。（　）

21 間に合うかどうか際どいところだ。（　）

22 昼休みに公園の木陰で憩う。（　）

23 殿の仰せに従う。（　）

24 窓はカーテンで覆われていた。（　）

25 色とりどりの傘の花が咲いた。（　）

26 芳しくない評判が立つ。（　）

27 戦没者の霊を弔う。（　）

28 白菜の漬物を食べる。（　）

29 釣り糸が水鳥に絡まる。（　）

30 笑うと八重歯がこぼれる。（　）

イ　反対または対応の意味を表す字を重ねたもの（高低）

ウ　上の字が下の字を修飾しているもの（洋画）

エ　下の字が上の字の目的語・補語になっているもの（着席）

オ　上の字が下の字の意味を打ち消しているもの（非常）

次の熟語は右のア～オのどれにあたるか、一つ選び、記号で答えよ。

1 累積（　）

2 出廷（　）

3 衆寡（　）

4 麗句（　）

5 不肖（　）

6 赴任（　）

7 起伏（　）

8 頻出（　）

9 打撲（　）

10 納涼（　）

8（　）曲直

9（　）自在

10（　）妥当

問2 次の11～15の意味にあてはまるものを問1の1～10の四字熟語から一つ選び、番号で答えよ。 (10) 2×5

11 どんな場合でも適切として認められること。（　）

12 いかめしく立派なさま。（　）

13 他を圧倒するほど勢いが盛んであること。（　）

14 試みと失敗を重ねながら、解決策を見いだしていくこと。（　）

15 物事の善悪、正不正のこと。（　）

（五）次の1～5の対義語、6～10の類義語を後の□の中から選び、漢字で記せ。□の中の語は一度だけ使うこと。 (20) 2×10

対義語

1 飽食（　　）
2 払暁（　　）
3 純白（　　）
4 清澄（　　）
5 巧遅（　　）

類義語

6 潤沢（　　）
7 道徳（　　）
8 困苦（　　）
9 奮戦（　　）
10 懇意（　　）

おだく・かんとう・きが
しっこく・しんさん・しんみつ
せっそく・はくぼ・ほうふ
りんり

（七）次の各文にまちがって使われている同じ読みの漢字が一字ある。上に誤字を、下に正しい漢字を記せ。 (10) 2×5

1 国際世論では、憤争の続く両国に対し、武力ではなく粘り強い政治的対話による問題解決を望んでいる。（　　）（　　）

2 自動車の逃難を携帯電話の電子メールで知らせるシステムが開発され、被害防止に一役を買いそうだ。（　　）（　　）

3 台風に加え集中豪雨の追い打ちで、収穫を控えた稲や野菜が巻水する被害が出た。（　　）（　　）

4 震災で焦土と化した町を見事に復興させた人々の努力と勇気が、視聴者に深い感命を与えた。（　　）（　　）

5 石油は燃料だけでなく化学製品の原料として広範に利用されているが、いずれは枯滑する有限の資源である。（　　）（　　）

4 相手はキョウコウな態度に出た。（　　）
5 地球一周するゴウカな客船だ。（　　）
6 冬の原野はコウリョウとしていた。（　　）
7 辛うじてキュウチを脱した。（　　）
8 ソウゴンな音楽が鳴り響く。（　　）
9 開会式で国旗をケイヨウする。（　　）
10 研究はまだチョに就いたばかりだ。（　　）
11 あまりにもコクな要求である。（　　）
12 ユウリョすべき事態が発生した。（　　）
13 ダンチョウの思いで決別する。（　　）

(六) 次の――線のカタカナを漢字に直せ。 (20) 2×10

1 庭に咲いた花をカビンに挿す。( )

2 化学物質にはカビンな肌だ。( )

3 野鳥の保護にフシンする。( )

4 屋根のフシンにとりかかる。( )

5 油断しないよう注意をカンキする。( )

6 暖房中は部屋のカンキを心掛ける。( )

7 駅前のユウカン地を活用すべきだ。( )

8 ただ一人ユウカンに立ち上がった。( )

9 不安にカられて眠れない。( )

10 稲のカり入れが始まった。( )

(八) 次の――線のカタカナを漢字一字と送りがな(ひらがな)に直せ。 (10) 2×5

〈例〉 問題にコタエル。(答える)

1 ピアノでソナタをカナデル。( )

2 一党をスベル力量を持つ人物だ。( )

3 夜のフケルのも忘れて熱中する。( )

4 決してうそイツワリではない。( )

5 あまりにもミジメナ負け方だった。( )

(九) 次の――線のカタカナを漢字に直せ。 (50) 2×25

1 事態収拾にホンソウする。( )

2 キソ学力の定着をはかる。( )

3 外見のビシュウは問題ではない。( )

14 弓のツルを強く張った。( )

15 大きな魚をマタタく間にさばく。( )

16 不要な部分をケズり取る。( )

17 極力人手をワズラわすな。( )

18 乾燥のため火災のオソレがある。( )

19 晴れた日はモッパら畑に出る。( )

20 兄にナラって早起きしよう。( )

21 あきらめずに最後までネバり抜く。( )

22 木に竹をツいだような話だ。( )

23 仲裁は時のウジガミ。( )

24 花にタワムれる蝶を描いた。( )

25 少年老い易く学成りガタし。( )

予想模擬テスト⑫

解答には、常用漢字の旧字体や表外漢字および常用漢字音訓表以外の読みを使ってはいけない。

時間 60分　合格点 160/200　得点

(一) 次の――線の漢字の読みをひらがなで記せ。(30) 1×30

1 心地よい薫風の季節となる。(　　)
2 祖父は幸せな生涯を送った。(　　)
3 閑却できない重大な問題だ。(　　)
4 敵に囲まれ自刃して果てる。(　　)
5 陸海空の三軍を統帥する。(　　)
6 師は卓越した学識の持ち主だ。(　　)
7 国会で条約が批准された。(　　)
8 単なる誇大妄想だと退けられた。(　　)
9 自己嫌悪に陥る。(　　)
10 不祥事で役員が更迭された。(　　)
11 やっと胸襟を開いてくれた。(　　)
12 誠に時宜にかなった発言だ。(　　)
13 調査資料が散逸してしまった。(　　)

(二) 次の漢字の部首を記せ。(10) 1×10

〈例〉菜（艹）　間（門）

1 倣(　　)
2 寧(　　)
3 砕(　　)
4 遮(　　)
5 彩(　　)
6 乗(　　)
7 賓(　　)
8 励(　　)
9 豪(　　)
10 凹(　　)

(三) 熟語の構成のしかたには次のようなものがある。(20) 2×10

ア 同じような意味の漢字を重ねたもの　（岩石）

(四) 次の四字熟語について、問1と問2に答えよ。(30)

問1 次の四字熟語の(　　)に入る適切な語を下の□の中から選び、漢字二字で記せ。(20) 2×10

1 円転(　　)
2 勢力(　　)
3 自暴(　　)
4 深山(　　)
5 腐敗(　　)
6 (　　)無恥
7 (　　)漢才

かつだつ
こうがん
じき
しっぷう
しゅち
だらく
にりつ
はくちゅう
ゆうこく
わこん

14 門扉はいつも閉まっている。（　　）
15 医療費の控除を申請する。（　　）
16 税金の督促状が来る。（　　）
17 外相は自ら発言を撤回した。（　　）
18 薬に拒絶反応を起こす。（　　）
19 疫病神のように嫌われた。（　　）
20 入社にあたり誓約書を書いた。（　　）
21 湯飲みの茶渋を取る。（　　）
22 国王に恭しく頭を下げる。（　　）
23 潮が引き干潟があらわれる。（　　）
24 下駄の鼻緒をすげかえる。（　　）
25 ひなが卵の殻を突き破る。（　　）
26 岬の灯台が遠方を照らす。（　　）
27 出家して尼になる。（　　）
28 来年は冬山に挑むつもりだ。（　　）
29 一生をかけて罪を償う。（　　）
30 寄席では評判の漫才師だ。（　　）

イ 反対または対応の意味を表す字を重ねたもの（高低）
ウ 上の字が下の字を修飾しているもの（洋画）
エ 下の字が上の字の目的語・補語になっているもの（着席）
オ 上の字が下の字の意味を打ち消しているもの（非常）

次の熟語は右のア～オのどれにあたるか、一つ選び、記号で答えよ。

1 伸縮（　　）
2 遷都（　　）
3 無償（　　）
4 暗礁（　　）
5 湖沼（　　）
6 抹茶（　　）
7 愉悦（　　）
8 栄辱（　　）
9 頻発（　　）
10 迎賓（　　）

8（　　）肉林
9（　　）背反
10（　　）迅雷

問2 次の11～15の意味にあてはまるものを問1の1～10の四字熟語から一つ選び、番号で答えよ。(10) 2×5

11 ぜいたくを極めた宴会のこと。（　　）
12 あつかましい態度。（　　）
13 行動がすばやく激しいさま。（　　）
14 人と衝突せずに、うまく物事をさばくこと。（　　）
15 捨てばちでやけになること。（　　）

（五）次の1～5の対義語、6～10の類義語を後の□の中から選び、漢字で記せ。□の中の語は一度だけ使うこと。 (20) 2×10

対義語

1 促進（　　）
2 質素（　　）
3 反逆（　　）
4 創造（　　）
5 多弁（　　）

類義語

6 折衝（　　）
7 功名（　　）
8 激怒（　　）
9 興廃（　　）
10 混乱（　　）

かもく・きょうじゅん・ごうか
こうしょう・しゅくん・せいすい
ふんがい・ふんきゅう・もほう
よくせい

（七）次の各文にまちがって使われている同じ読みの漢字が一字ある。上に誤字を、下に正しい漢字を記せ。 (10) 2×5

1 先進国では出生率が減少傾向にあるが、社会保障制度が整備・充実した北欧では出生率が延びてきている。（　）（　）
2 初夏の太陽の下、県内の茶畑には多くの親子連れが訪れ、栽培農家の指導で茶詰みの体験を楽しんだ。（　）（　）
3 政府は首相の職務執行不能時の禁迫した事態に備え、臨時代理の就任順位を決めた。（　）（　）
4 情報技術の発達で指定券の般売状況を車掌が随時把握できるようになり、車内検札はなくなる流れだという。（　）（　）
5 県内産の木材を基準以上に用いた住宅の新築・増改築・購入を対象に、低利の誘資制度を設ける県がある。（　）（　）

4 悪事はいつかロケンする。（　）
5 言葉巧みにキョウサする。（　）
6 セットウの容疑で逮捕した。（　）
7 親孝行のクドクを積む。（　）
8 ケンキョな態度で臨む。（　）
9 試合はボウトウから荒れ模様だ。（　）
10 事のシンギは明らかでない。（　）
11 害虫をボクメツする。（　）
12 二人の間柄をジャスイされた。（　）
13 トウフにかすがい。（　）
14 徹夜が続くと体にサワる。（　）

（六） 次の——線のカタカナを漢字に直せ。(20) 2×10

1 要望事項をケントウする。（　）
2 ケントウもむなしく負ける。（　）

3 その計画にキョウコウに反対する。（　）
4 金融キョウコウの虞がある。（　）

5 わが子をしっかりホウヨウする。（　）
6 ホウヨウカのある上司だ。（　）

7 いつもジュウタイする道路だ。（　）
8 一列ジュウタイで歩く。（　）

9 入りエに小舟がつながれている。（　）
10 エの長いひしゃくで水をくむ。（　）

（八） 次の——線のカタカナを漢字一字と送りがな（ひらがな）に直せ。(10) 2×5

〈例〉 問題にコタエル。（答える）

1 大方の予想をクツガエス結果となる。（　）
2 二度の失敗ですっかりコリル。（　）
3 落ち葉がユルヤカニ流れていく。（　）
4 不正に強いイキドオリを覚える。（　）
5 行く手をハバム険しいがけだ。（　）

（九） 次の——線のカタカナを漢字に直せ。(50) 2×25

1 職場でカンゲン楽団を結成した。（　）
2 経費のサクゲンで不況を乗り切る。（　）
3 ジョウヨ金を分配する。（　）

15 クサリで大きい犬をつなぐ。（　）
16 タスズみがてら海岸に出る。（　）
17 惜別の情をヨんだ歌が多い。（　）
18 ご壮健のヨシ何よりです。（　）
19 ヨソオいも新たに開店した。（　）
20 玄関のハキモノを丁寧にそろえる。（　）
21 祖父は五年来のナガワズラいだ。（　）
22 誕生日を祝って赤飯をタく。（　）
23 能ある鷹はつめをカクす。（　）
24 お寺のカネが時を告げる。（　）
25 ウもれ木に花が咲く。（　）

予想模擬テスト ⑬

解答には、常用漢字の旧字体や表外漢字および常用漢字音訓表以外の読みを使ってはいけない。

時間 60分
合格点 160/200
得点

(一) 次の――線の漢字の読みをひらがなで記せ。 (30) 1×30

1 自説を頑強に言い張る。( )
2 ダイナマイトで岩石を粉砕する。( )
3 祖父は寡欲な人であった。( )
4 軽く会釈をして通り過ぎた。( )
5 春の叙勲の対象に選ばれた。( )
6 著書を恩師に謹呈した。( )
7 昔から窯業の盛んな町だ。( )
8 庭の水仙が咲き始めた。( )
9 組織全体を統括する。( )
10 横柄な態度に腹をたてた。( )
11 監督の補佐役を務める。( )
12 荒涼とした風景だ。( )
13 質実剛健の気風がある。( )

(二) 次の漢字の部首を記せ。 (10) 1×10

〈例〉菜(艹) 間(門)

1 叙( )
2 醸( )
3 房( )
4 朕( )
5 帝( )
6 督( )
7 斗( )
8 閥( )
9 熟( )
10 裏( )

(三) 熟語の構成のしかたには次のようなものがある。 (20) 2×10

ア 同じような意味の漢字を重ねたもの (岩石)

(四) 次の四字熟語について、問1と問2に答えよ。 (30)

問1 次の四字熟語の( )に入る適切な語を下の□の中から選び、漢字二字で記せ。 (20) 2×10

1 英俊( )
2 勇猛( )
3 順風( )
4 優勝( )
5 怒髪( )
6 ( )潔白
7 ( )独尊

かかん
かろ
きゅうよ
ごうけつ
しょうてん
せいれん
まんぱん
ゆいが
りろ
れっぱい

14 機械の欠陥が見つかった。（　　）
15 虚偽の申告をする。（　　）
16 推薦入学の手続きをする。（　　）
17 登録名簿から抹消する。（　　）
18 発想が庶民的な人だ。（　　）
19 歯並びを矯正した。（　　）
20 式典で国歌を斉唱する。（　　）
21 雨上がりで土が軟らかだ。（　　）
22 外出した父が戻って来た。（　　）
23 相撲を升席で見物する。（　　）
24 弦を離れた矢のようだ。（　　）
25 貝塚から土器が出土する。（　　）
26 再会を固く誓いあった。（　　）
27 煩わしい仕事も進んで受ける。（　　）
28 相手の出方を探る。（　　）
29 ガス臭いので窓を開けた。（　　）
30 わが柔道部は猛者ぞろいだ。（　　）

イ　反対または対応の意味を表す字を重ねたもの　（高低）
ウ　上の字が下の字を修飾しているもの　（洋画）
エ　下の字が上の字の目的語・補語になっているもの　（着席）
オ　上の字が下の字の意味を打ち消しているもの　（非常）

次の熟語は右のア～オのどれにあたるか、一つ選び、記号で答えよ。

1 仰天（　　）
2 墜落（　　）
3 匿名（　　）
4 厚薄（　　）
5 授受（　　）
6 脚韻（　　）
7 不偏（　　）
8 推奨（　　）
9 直轄（　　）
10 克己（　　）

8（　　）一策
9（　　）冬扇
10（　　）整然

問2 次の11～15の意味にあてはまるものを**問1**の1～10の四字熟語から一つ選び、番号で答えよ。 (10) 2×5

11 苦しまぎれに思いついた手段。（　　）
12 心や行いが正しく、やましいところがないこと。（　　）
13 激しくいかった形相。（　　）
14 物事がうまく進むこと。（　　）
15 多くの中できわめてすぐれた人物。（　　）

（五）次の1〜5の対義語、6〜10の類義語を後の□の中から選び、漢字で記せ。□の中の語は一度だけ使うこと。　(20) 2×10

対義語

1 硬直（　　）
2 卑下（　　）
3 決裂（　　）
4 新奇（　　）
5 希薄（　　）

類義語

6 臨機（　　）
7 制約（　　）
8 達成（　　）
9 親友（　　）
10 午睡（　　）

じまん・じゅうなん・じょうじゅ
そくばく・だけつ・ちき
ちんぷ・てきぎ・のうこう
ひるね

（七）次の各文にまちがって使われている同じ読みの漢字が一字ある。上に誤字を、下に正しい漢字を記せ。　(10) 2×5

1 水温の上昇に伴い、城の堀には藻の一種のアオコが異常に繁殖して水がにごり、臭気の原因になっている。（　）（　）

2 絵に無援だった人が人生の後半に突然絵筆を握り、心を打つ作品を描くことがある。（　）（　）

3 晩秋の清聴な空気の中で、一際鮮やかな彩りをなして湖面に映える紅葉は、被写体として最適だ。（　）（　）

4 参加希望者は専用応募はがきの質問事鋼に回答を記入し、締切日までに郵送してください。（　）（　）

5 穀物を原料とした石油代替燃料の需要が増大し、大豆やトウモロコシの価格の高登を引き起こしている。（　）（　）

4 責任を他人にテンカするな。（　　）
5 自慢のテツビンで湯を沸かす。（　　）
6 データを徹底的にカイセキする。（　　）
7 観光バスのテンジョウ員をしている。（　　）
8 心臓のシッカンで入院した。（　　）
9 会社役員としてショグウされた。（　　）
10 カンセイな住宅街が続く。（　　）
11 組織のスウヨウな地位に座る。（　　）
12 外国とのコウショウにあたる。（　　）
13 大きくワンキョクした道だ。（　　）

(六) 次の――線のカタカナを漢字に直せ。 (20) 2×10

1 約束どおり全財産をジョウヨした。（　）
2 ジョウヨ金は次年度に繰り越す。（　）
3 野次のオウシュウが続いた。（　）
4 証拠品がオウシュウされた。（　）
5 不況の影響でカイコされる。（　）
6 少年時代をカイコする。（　）
7 時の流れはユウキュウである。（　）
8 公園のユウキュウ施設を撤去する。（　）
9 転宅の荷物を箱にツめる。（　）
10 春の野で花をツむ。（　）

(八) 次の――線のカタカナを漢字一字と送りがな（ひらがな）に直せ。 (10) 2×5

〈例〉問題にコタエル。（答える）

1 あくまでも初心をツラヌク。（　）
2 トタン屋根がさびてクチル。（　）
3 無理をシイルことは良くない。（　）
4 成功を祝い、アワセて健康を祈る。（　）
5 窓からナガメルと青い海が広がる。（　）

(九) 次の――線のカタカナを漢字に直せ。 (50) 2×25

1 新しい提案がサイタクされた。（　）
2 傷口がエンショウを起こして痛む。（　）
3 大会参加をキョヒする。（　）

14 港で輸入食品のケンエキを行う。（　）
15 低い山だとアナドってはならない。（　）
16 本腰をスえて取りかかる。（　）
17 恩人の死を心からイタみます。（　）
18 会議前の準備をオコタらない。（　）
19 真相は闇にホウムられた。（　）
20 チマナコになって物を捜す。（　）
21 髪を風にヒルガエし走っている。（　）
22 カれ木も山のにぎわい。（　）
23 骨肉のミニクい争いに手を焼く。（　）
24 ニクまれっ子、世にはばかる。（　）
25 天は二物をアタえず。（　）

予想模擬テスト⑭

解答には、常用漢字の旧字体や表外漢字および常用漢字音訓表以外の読みを使ってはいけない。

時間 60分
合格点 160/200
得点

(一) 次の――線の漢字の読みをひらがなで記せ。 (30) 1×30

1 天下泰平の世の中だ。（　　）
2 東京は政治の中枢である。（　　）
3 食物繊維は野菜から取ろう。（　　）
4 人気稼業は競争が激しい。（　　）
5 消火用の水槽を設ける。（　　）
6 席から憤然として立ち上がる。（　　）
7 孫がお祭りの稚児に選ばれた。（　　）
8 いかなる権威にも盲従しない。（　　）
9 情状を酌量した判決だった。（　　）
10 座禅で心身を練磨する。（　　）
11 無駄を省いて貯蓄を奨励する。（　　）
12 窮余の一策が功を奏した。（　　）
13 幾多の変遷を経る。（　　）

(二) 次の漢字の部首を記せ。 (10) 1×10

〈例〉菜（艹）　間（門）

1 了（　　）
2 畳（　　）
3 幣（　　）
4 彫（　　）
5 塁（　　）
6 玄（　　）
7 整（　　）
8 卸（　　）
9 耗（　　）
10 栽（　　）

(三) 熟語の構成のしかたには次のようなものがある。 (20) 2×10

ア　同じような意味の漢字を重ねたもの　（岩石）

(四) 次の四字熟語について、問1と問2に答えよ。 (30)

問1 次の四字熟語の（　）に入る適切な語を下の□の中から選び、漢字二字で記せ。 (20) 2×10

1 当意（　　）
2 複雑（　　）
3 四分（　　）
4 浅学（　　）
5 暗中（　　）
6 （　　）強記
7 （　　）茶飯

うい
ごれつ
したさき
そくみょう
たき
にちじょう
はくらん
ひさい
めんもく
もさく

14 僧は朝の勤行をつとめる。（　　）
15 外国紙を購読している。（　　）
16 公僕として国民のために尽くす。（　　）
17 知識を実践に生かす。（　　）
18 戦国時代の豪傑のような人物だ。（　　）
19 眼前は群青色の大海原だ。（　　）
20 成人して家督を継いだ。（　　）
21 馬の手綱を引きしめる。（　　）
22 その問題は一切棚上げにした。（　　）
23 はやり言葉はすぐに廃れる。（　　）
24 最近は世事に疎くなった。（　　）
25 歯茎から血が出る。（　　）
26 計画の枠組みを発表する。（　　）
27 但し書きを付けて補足する。（　　）
28 子供に童歌を教える。（　　）
29 事故の目撃者を捜している。（　　）
30 海女が海岸でたき火をしている。（　　）

イ　反対または対応の意味を表す字を重ねたもの（高低）
ウ　上の字が下の字を修飾しているもの（洋画）
エ　下の字が上の字の目的語・補語になっているもの（着席）
オ　上の字が下の字の意味を打ち消しているもの（非常）

次の熟語は右のア～オのどれにあたるか、一つ選び、記号で答えよ。

1 研磨（　　）
2 廉売（　　）
3 惨禍（　　）
4 貸借（　　）
5 施錠（　　）
6 叙景（　　）
7 往還（　　）
8 未了（　　）
9 抗菌（　　）
10 浮揚（　　）

8（　　）躍如
9（　　）三寸
10（　　）転変

問2 次の11～15の意味にあてはまるものを**問1**の1～10の四字熟語から一つ選び、番号で答えよ。 (10) 2×5

11 言葉だけが巧みで、誠実さがないこと。（　　）
12 広く書物に親しみ、内容をよく覚えていること。（　　）
13 機転を利かせてその場にあった対応をすること。（　　）
14 物事がいくつにも分かれ、込み入っていること。（　　）
15 手がかりがないままに、いろいろやってみること。（　　）

(五) 次の1～5の対義語、6～10の類義語を後の□の中から選び、漢字で記せ。□の中の語は一度だけ使うこと。 (20) 2×10

対義語

1 進出（　　）
2 横柄（　　）
3 美談（　　）
4 解放（　　）
5 低俗（　　）

類義語

6 架空（　　）
7 他界（　　）
8 無視（　　）
9 容赦（　　）
10 卓越（　　）

かんべん・きょこう・けんきょ
こうしょう・しゅういつ
しゅうぶん・せいきょ・そくばく
てったい・もくさつ

(七) 次の各文にまちがって使われている同じ読みの漢字が一字ある。上に誤字を、下に正しい漢字を記せ。 (10) 2×5

1 一時絶滅が心配された水鳥のカワウは保護策で繁殖するにつれ環境への害が増したため、取猟が解禁された。（　）（　）

2 南米十二か国の首脳会議で南米合衆国の構想が提奨され、統合の将来像が語られた。（　）（　）

3 鮮やかな色彩の衣匠に映える長い黒髪は、平安時代の女性美の最も大切な要素であった。（　）（　）

4 教育資金や住宅購入資金、不時の出費に供えるお金などをリスクの高い方法で運用するのは問題がある。（　）（　）

5 解雇や退職強要などの雇用問題を解決しようと労働相談ホットラインが開設され、今回一声に実施された。（　）（　）

5 警備員が構内をジュンシする。（　　）
6 結婚や出産などのケイジ続きだ。（　　）
7 南極海をサイヒョウ船が進む。（　　）
8 両軍のジュウセイが途絶えた。（　　）
9 厳寒で道路がトウケツした。（　　）
10 団体のジゼン事業に寄付をした。（　　）
11 反対派をうまくカイジュウする。（　　）
12 必要な栄養分をセッシュする。（　　）
13 問題のカクシンに迫る。（　　）

(六) 次の――線のカタカナを漢字に直せ。 (20) 2×10

1 どことなくキヒンのある人だ。( )
2 正面のキヒン席にお着きになる。( )
3 従来の方針をケンジする。( )
4 自己ケンジ欲の強い人だ。( )
5 支店長をコウテツする。( )
6 コウテツのような鍛えられた肉体だ。( )
7 トウジの日にゆず湯に入る。( )
8 卒業式でトウジを述べる。( )
9 暴飲暴食は体にサワる。( )
10 サワらぬ神にたたりなし。( )

(八) 次の――線のカタカナを漢字一字と送りがな(ひらがな)に直せ。 (10) 2×5

〈例〉 問題にコタエル。(答える)

1 涼しい木陰でイコウ。( )
2 悪事をソソノカス。( )
3 紅葉が秋の山をイロドル。( )
4 コップが落ちて粉々にクダケた。( )
5 山道でシタタル汗をぬぐう。( )

(九) 次の――線のカタカナを漢字に直せ。 (50) 2×25

1 これはシュギョクの短編といえる。( )
2 部下の失策にカンヨウな処置をとる。( )
3 両親に友人をショウカイした。( )
4 盗みのケンギをかけられた。( )

14 エンは異なもの。( )
15 バキャクをあらわす。( )
16 カンバしい花の香りが漂う。( )
17 相手の策略にオチイる。( )
18 採点がカラいので有名な先生だ。( )
19 神前でノリトをあげる。( )
20 恥をシノんで申し上げます。( )
21 死者を懇ろにトムラう。( )
22 集中豪雨で裏山がクズれた。( )
23 昼休みに城のソトボリを一周した。( )
24 等身大の仏像をホり上げた。( )
25 なくてナナクセ。( )

予想模擬テスト 15

解答には、常用漢字の旧字体や表外漢字および常用漢字音訓表以外の読みを使ってはいけない。

時間 60分
合格点 160/200
得点

(一) 次の――線の漢字の読みをひらがなで記せ。 (30) 1×30

1 漸次病状が快方に向かっている。（　　）
2 偽造紙幣が市中に出回る。（　　）
3 初めて心の琴線に触れた。（　　）
4 唯一無二の親友である。（　　）
5 事件の渦中に巻き込まれる。（　　）
6 政治の堕落を糾弾する。（　　）
7 外部の騒音を遮断する。（　　）
8 世の中には飢餓で苦しむ人もある。（　　）
9 直ちに必要な措置がとられた。（　　）
10 社会の発展に貢献したい。（　　）
11 ようやく難病が治癒した。（　　）
12 子煩悩な親に育てられた。（　　）
13 人の物を窃取するな。（　　）

(二) 次の漢字の部首を記せ。 (10) 1×10

〈例〉 菜（艹） 間（門）

1 宵（　　）
2 髪（　　）
3 刺（　　）
4 甘（　　）
5 累（　　）
6 薫（　　）
7 践（　　）
8 昆（　　）
9 魔（　　）
10 靴（　　）

(三) 熟語の構成のしかたには次のようなものがある。 (20) 2×10

ア 同じような意味の漢字を重ねたもの （岩石）

(四) 次の四字熟語について、問1と問2に答えよ。 (30)

問1 次の四字熟語の（　）に入る適切な語を下の□の中から選び、漢字二字で記せ。 (20) 2×10

1 離合（　　）
2 大胆（　　）
3 一日（　　）
4 面従（　　）
5 率先（　　）
6（　　）端麗
7（　　）滅裂

しゅうさん
しゅうち
しり
すいはん
せんしゅう
ふくはい
ふてき
ふへん
ようし
ろうせい

14 手続きが煩雑なので困る。（　　）

15 紡織産業の盛んな町だった。（　　）

16 世の一隅を照らす。（　　）

17 ダニなどの害虫を撲滅した。（　　）

18 ガスの元栓を閉める。（　　）

19 今日、若しくは明日には行く。（　　）

20 麗しい友情で結ばれている。（　　）

21 少女は髪に花を挿していた。（　　）

22 心より恩師の死を悼みます。（　　）

23 相手の機嫌を損ねてしまった。（　　）

24 とても暑くてのどが渇く。（　　）

25 疑いを挟む余地は少しもない。（　　）

26 窯から陶器を取り出す。（　　）

27 前例に倣って無難に済ます。（　　）

28 残金は交通費に充てる。（　　）

29 緑滴る季節になった。（　　）

30 犯人を十重二十重に取り囲む。（　　）

イ　反対または対応の意味を表す字を重ねたもの　（高低）

ウ　上の字が下の字を修飾しているもの　（洋画）

エ　下の字が上の字の目的語・補語になっているもの　（着席）

オ　上の字が下の字の意味を打ち消しているもの　（非常）

次の熟語は右のア～オのどれにあたるか、一つ選び、記号で答えよ。

1 安危（　　）

2 憂愁（　　）

3 随時（　　）

4 逓減（　　）

5 安泰（　　）

6 任免（　　）

7 享楽（　　）

8 不穏（　　）

9 尊卑（　　）

10 傘下（　　）

8（　　）円熟

9（　　）徹底

10（　　）不党

問2　次の11～15の意味にあてはまるものを問1の1～10の四字熟語から一つ選び、番号で答えよ。　(10) 2×5

11 ばらばらで物事のまとまりがないこと。（　　）

12 広くすみずみまで知れわたるようにすること。（　　）

13 公平・中立の立場に立つこと。（　　）

14 とても待ち遠しいこと。（　　）

15 表面だけ服従するふりをして内心は反抗していること。（　　）

(五) 次の1～5の対義語、6～10の類義語を後の□の中から選び、漢字で記せ。□の中の語は一度だけ使うこと。 (20) 2×10

対義語

1 冗漫（　　）
2 特殊（　　）
3 真実（　　）
4 哀悼（　　）
5 国産（　　）

類義語

6 追憶（　　）
7 必死（　　）
8 不意（　　）
9 排除（　　）
10 互角（　　）

かいこ・かんけつ・きょぎ
けいが・けんめい・てっきょ
とつじょ・はくちゅう・はくらい
ふへん

(七) 次の各文にまちがって使われている同じ読みの漢字が一字ある。上に誤字を、下に正しい漢字を記せ。 (10) 2×5

1 待遇改善について経営者側と行われた話し合いは難縦したが、折衝を重ねてようやく妥結した。（　）（　）
2 被疑者が終始一貫して黙否権を行使したため、捜査は一向に進展しなかった。（　）（　）
3 留学生交歓会では、国籍や文化の違いをこえて相互理解を深めようという奮囲気が醸し出されていた。（　）（　）
4 改修工事が終わった美術館では、今後一年間を四期に分け、代表的収蔵品の特別展を開宰する予定だ。（　）（　）
5 祖母が丹精込めて漬けた梅干しには、市販品には当底望み得ない深い滋味がある。（　）（　）

4 読者欄にトクメイの投書があった。（　）
5 標識にケイコウ塗料を吹き付ける。（　）
6 イチマツの寂しさを覚える。（　）
7 感受性のセンサイな人だ。（　）
8 核兵器トウサイの疑いがある。（　）
9 神社に絵馬をホウノウする。（　）
10 再会を喜んでホウヨウを交わす。（　）
11 幼児のユウカイ事件が起きた。（　）
12 ヨットが湾内をハンソウする。（　）
13 門前の小僧習わぬキョウを読む。（　）

(六) 次の——線のカタカナを漢字に直せ。 (20) 2×10

1 シンギを重ねて結論を出す。( )
2 うわさのシンギは不明だ。( )
3 カクシンに触れる質問だ。( )
4 カクシン的な政党が誕生した。( )
5 カンリョウの汚職が少なくない。( )
6 ビルの建設工事がカンリョウした。( )
7 美のキョクチに到達した。( )
8 キョクチ的な大雨だった。( )
9 川の中スで子供が遊んでいる。( )
10 しょう油とスで味付けをした。( )

(八) 次の——線のカタカナを漢字一字と送りがな(ひらがな)に直せ。 (10) 2×5

〈例〉 問題にコタエル。(答える)

1 悪事をクワダテル。( )
2 体のために糖分をヒカエル。( )
3 新素材に様々な工夫をコラス。( )
4 マギラワシイ言い方は避けよう。( )
5 希望に胸がフクラム。( )

(九) 次の——線のカタカナを漢字に直せ。 (50) 2×25

1 青年らしくハキに満ちている。( )
2 行き過ぎた説教はヘイガイも多い。( )
3 研究でタクバツした成果を上げた。( )
14 病気一つしないガンケンな体だ。( )
15 そう言われては立つセがない。( )
16 きりっとしたエリモトに気品が漂う。( )
17 種もみをナワシロにまく。( )
18 決して負けオしみは言わない。( )
19 机にもたれてギターをカナでる。( )
20 次期会長には彼をススめます。( )
21 部品の製作を下ウけに出す。( )
22 ウルシヌりの立派な器だ。( )
23 あえて難しい技にイドむ。( )
24 角をタめて牛を殺す。( )
25 再会を固くチカいあった。( )

資料 常用漢字表・付表1

覚えておきたい熟字訓・当て字訓

（○印は、どの時点で学習するかを示す）

漢字	読み	小学	中学	高校
明日	あす	○		
小豆	あずき		○	
海女・海士	あま			○
硫黄	いおう		○	
意気地	いくじ		○	
田舎	いなか		○	
息吹	いぶき			○
海原	うなばら		○	
乳母	うば		○	
浮気	うわき			○
浮つく	うわつく		○	
笑顔	えがお		○	
叔父・伯父	おじ		○	
大人	おとな	○		
乙女	おとめ		○	
叔母・伯母	おば		○	
お巡りさん	おまわりさん		○	
お神酒	おみき			○
母屋・母家	おもや			○
母さん	かあさん	○		
神楽	かぐら			○
河岸	かし			○
鍛冶	かじ		○	
風邪	かぜ		○	
固唾	かたず		○	
仮名	かな		○	
蚊帳	かや			○
為替	かわせ		○	
河原・川原	かわら	○		
昨日	きのう	○		
今日	きょう	○		
果物	くだもの	○		
玄人	くろうと			○
今朝	けさ	○		
景色	けしき	○		
心地	ここち		○	
居士	こじ			○
今年	ことし	○		
早乙女	さおとめ		○	
雑魚	ざこ			○
桟敷	さじき			○
差し支える	さしつかえる		○	
五月	さつき		○	
早苗	さなえ		○	
五月雨	さみだれ		○	
時雨	しぐれ		○	
尻尾	しっぽ		○	
竹刀	しない		○	
老舗	しにせ		○	
芝生	しばふ		○	
清水	しみず	○		
三味線	しゃみせん		○	

砂利	じゃり		○	
数珠	じゅず			○
上手	じょうず	○		
白髪	しらが		○	
素人	しろうと			○
師走	しわす（しはす）			○
数寄屋・数奇屋	すきや			○
相撲	すもう		○	
草履	ぞうり		○	
山車	だし			○
太刀	たち		○	
立ち退く	たちのく		○	
七夕	たなばた	○		
足袋	たび		○	
稚児	ちご			○
一日	ついたち	○		
築山	つきやま			○
梅雨	つゆ		○	
凸凹	でこぼこ		○	
手伝う	てつだう	○		
伝馬船	てんません			○
投網	とあみ			○
父さん	とうさん	○		
十重二十重	とえはたえ			○
読経	どきょう			○
時計	とけい	○		
友達	ともだち	○		
仲人	なこうど			○
名残	なごり		○	
雪崩	なだれ		○	
野良	のら			○
祝詞	のりと			○
博士	はかせ	○		
二十・二十歳	はたち		○	
二十日	はつか	○		
波止場	はとば		○	
一人	ひとり	○		
日和	ひより		○	
吹雪	ふぶき		○	
下手	へた	○		
部屋	へや	○		
迷子	まいご	○		
真面目	まじめ	○		
真っ赤	まっか	○		
土産	みやげ		○	
息子	むすこ		○	
眼鏡	めがね	○		
猛者	もさ			○
紅葉	もみじ		○	
木綿	もめん		○	
最寄り	もより		○	
八百長	やおちょう			○
八百屋	やおや	○		
大和	やまと		○	
浴衣	ゆかた			○
行方	ゆくえ		○	
寄席	よせ			○
若人	わこうど		○	

「日本漢字能力検定」の受検の申し込み方法や検定実施日など，検定の詳細につきましては，「日本漢字能力検定協会」のホームページなどをご参照ください。
また，本書に関する最新情報は，当社ホームページにある本書の「サポート情報」をご覧ください。(開設していない場合もございます。)

漢字検定 2級 ピタリ！予想模試〔四訂版〕

編著者　絶対合格プロジェクト
発行者　岡　本　泰　治
印刷所　ユ　ニ　ッ　ク　ス

発行所　受験研究社

〒550-0013 大阪市西区新町２丁目19番15号
注文・不良品などについて：(06)6532-1581(代表)／本の内容について：(06)6532-1586(編集)

Printed in Japan　高廣製本
落丁・乱丁本はお取り替えします。

ひっぱると，はずして使えます。

漢字検定

ピタリ！

予想模試 2級

解答編

予想模擬テスト 1

標準解答

2ページ〜5ページ

(一) 読み (30)

1	2	3	4	5	6	7	8	9	10	11	12	13	14	15
うっせき	いじょう	かくりょう	きき	かぶき	かつぼう	こうがい	せつな	うんでい	さた	さしょう	そうせき	しょうちゅう	ずきん	しゃくい

(二) 部首 (10)

1	2	3	4	5	6	7	8	9	10
羊（ひつじ）	麦（ばくにょう・むぎへん）	廾（こまぬき・にじゅうあし）	冂（どうがまえ・けいがまえ・まきがまえ）	穴（あなかんむり）	行（ぎょうがまえ・ゆきがまえ）	口（くち）	儿（ひとあし・にんにょう）	戈（ほこづくり・ほこがまえ）	手（て）

(四) 四字熟語 (30)

問1 書き取り

1	2	3	4	5	6	7	8	9
割拠	内剛	衝天	酌量	未聞	一網	巧遅	換骨	快刀

(五) 対義語・類義語 (20)

1	2	3	4	5	6	7	8	9	10
落胆	崇拝	懇意	閑散	左遷	発祥	悠久	厳粛	丹念	架空

(七) 誤字訂正 (10)

	1	2	3	4	5
誤	僅	喩	択	哺	傷
正	禁	癒	濯	捕	礁

5	6	7	8	9	10	11	12	13	14
拡充	洞窟	越権	堆積	河川	曖昧	蜂蜜	銘	嘲笑	契

16	17	18	19	20	21	22	23	24	25	26	27	28	29	30
けねん	こくう	やみ	はし	へんれい	みが	たわむ	そそのか	ねら	か	うず	おそれ	ほころ	ふもと	だし

（三）熟語の構成 (20)

1	2	3	4	5	6	7	8	9	10
エ	ウ	イ	ア	エ	ア	ウ	イ	オ	ウ

10	問2 意味	11	12	13	14	15
軽挙		8	1	3	9	5

（六）同音・同訓異字 (20)

1	2	3	4	5	6	7	8	9	10
速攻	側溝	融解	誘拐	廃棄	排気	水槽	吹奏	謹	慎

（八）漢字と送りがな (10)

1	2	3	4	5
諦める	罵る	涼しい	催す	剝がれる

（九）書き取り (50)

1	2	3	4
楷書	慈悲	旺盛	参詣

（下へつづく）

15	16	17	18	19	20	21	22	23	24	25
丼	杉並木	親睦	礎	煎	蹴	更	妬	居候	苛酷 過酷	暁

(一) 読み (30)

1	2	3	4	5	6	7	8	9	10	11	12	13	14	15
はいかい	しっき	びんせん	ざせつ	いっし	だみん	せいぜつ	ばいかい	ろうきょ	さんか	こぶ	ようさい	せっちゅう	しい	こうずい

(二) 部首 (10)

1	2	3	4	5	6	7	8	9	10
力（ちから）	至（いたる）	丨（ぼう・たてぼう）	羽（はね）	勹（つつみがまえ）	乙（おつ）	爫（つめかんむり・つめがしら）	目（め）	虍（とらがしら・とらかんむり）	骨（ほねへん）

(四) 四字熟語 (30)

問1 書き取り

1	2	3	4	5	6	7	8	9
秩序	一遇	壮大	来復	開放	温厚	奇奇 / 奇々	津津 / 津々	枝葉

(五) 対義語・類義語 (20)

1	2	3	4	5	6	7	8	9	10
玄人	追随	懲罰	軽侮	一括	具申	寄与	幽閉	干渉	省略

(七) 誤字訂正 (10)

	1	2	3	4	5
誤	被	愚	担	駆	宰
正	披	惧	綻	掛	采

5	6	7	8	9	10	11	12	13	14
渦中	精緻	雲泥	親戚	脇	培養	残骸	鉢植	詮	泡

16	17	18	19	20	21	22	23	24	25	26	27	28	29	30
ちょくめい	ふほう	かじょう	とうや	ぶた	ばく	わず	うれ	わいろ	いっ	はつがま	あわ	じゅうてん	つむ	らち

(三) 熟語の構成 (20)

1	2	3	4	5	6	7	8	9	10
エ	エ	イ	オ	ウ	ア	ウ	ア	エ	イ

10	問2 意味 11	12	13	14	15
鯨飲	9	8	3	2	5

(六) 同音・同訓異字 (20)

1	2	3	4	5	6	7	8	9	10
覇権	派遣	後輩	荒廃	変換	返還	転嫁	添加	患	煩

(八) 漢字と送りがな (10)

1	2	3	4	5
溺れる	萎えた	怪しく	滑らかな	潰れた

(九) 書き取り (50)

1	2	3	4
戦慄	遺漏	語呂	慄然

(下へつづく)

15	16	17	18	19	20	21	22	23	24	25
湧	岬	俺	出稼	裾	塩漬	捻挫	蛍	宛	柳	枕

（一）読み（30）

1	2	3	4	5	6	7	8	9	10	11	12	13	14	15
しゅさい	しこ	りちぎ	にしき	ていかん	きんこ	おんりょう	らいさん	ふっしょく	かんおう	ぐまい	ゆうぜん	だんがい	かんめい	しんし

（二）部首（10）

1	2	3	4	5	6	7	8	9	10
殳（るまた・ほこづくり）	手（て）	尸（かばね・しかばね）	甘（かん・あまい）	疒（やまいだれ）	歹（かばねへん・いちたへん・がつへん）	二（に）	辛（からい）	木（き）	口（くちへん）

（四）四字熟語（30）

問1 書き取り

1	2	3	4	5	6	7	8	9
百遍	諾諾 諾々	自縛	消沈	休題	和衷	春宵	禍福	歌舞

（五）対義語・類義語（20）

1	2	3	4	5	6	7	8	9	10
中枢	過剰	拘束	融解	撤去	汚名	頑固	変遷	威嚇	拠点

（七）誤字訂正（10）

	1	2	3	4	5
誤	班	撃	端	作	訂
正	斑	隙	旦	錯	締

5	6	7	8	9	10	11	12	13	14
唾液	凡例	比喩	喚起	鶴亀	嫉妬	法廷	白虎	懸	呪

16	17	18	19	20	21	22	23	24	25	26	27	28	29	30
はいえつ	そうごん	ざんざい	そこう	ちょうこう	しんちょく	とら	ほて	あや	さえぎ	は	きわ	つや	むねあ	とあみ

(三) 熟語の構成 (20)

1	2	3	4	5	6	7	8	9	10
エ	ウ	ア	オ	イ	イ	ウ	ア	エ	エ

10	問2 意味	11	12	13	14	15
巧言		6	10	2	8	4

(六) 同音・同訓異字 (20)

1	2	3	4	5	6	7	8	9	10
打倒	妥当	推薦	水仙	搬送	帆走	扶養	腐葉	侵	冒

(八) 漢字と送りがな (10)

1	2	3	4	5
痩せる	嘲る	羨ましい	惜しむ	慰める

(九) 書き取り (50)

1	2	3	4
滑稽	土塀	愛玩	下弦

(下へつづく)

15	16	17	18	19	20	21	22	23	24	25
請	餅	滞	膝	面影	爪	診	畏	読経	鍵	畏敬

予想模擬テスト❹

標準解答

14ページ～17ページ

(一) 読み (30)

1	2	3	4	5	6	7	8	9	10	11	12	13	14	15
そうかい	じんそく	ようつい	こうてつ	がんしゅう	せっかん せきかん	かっとう	ちゅうとん	ぶべつ	どじょう	だしん	はんりょ	へんれき	こうはん	にじ

(二) 部首 (10)

1	2	3	4	5	6	7	8	9	10
言(ごんべん)	衣(ころも)	月(にくづき)	肉(にく)	言(げん)	力(ちから)	冫(にすい)	弓(ゆみへん)	一(いち)	木(きへん)

(四) 四字熟語 (30)

問1 書き取り

1	2	3	4	5	6	7	8	9
滅却	浄土	蛇尾	無二	壮語	古今	鶏口	花鳥	眺望

(五) 対義語・類義語 (20)

1	2	3	4	5	6	7	8	9	10
丁重	消耗	解雇	寛容	愛好	倹約	苦境	傍観	無事	肯定

(七) 誤字訂正 (10)

	1	2	3	4	5
誤	択	湧	把	幾	損
正	託	融	覇	畿	遜

5	6	7	8	9	10	11	12	13	14
賜杯	完璧	肖像	明瞭	安泰	書斎	臼歯	軟弱	肥沃	椅子

16	17	18	19	20	21	22	23	24	25	26	27	28	29	30
ごうまん	ひめん	こんせき	だきょう	げどくざい	こぶし	すす	あこが	くだ	ちぎ	あご	いっく	かせ	うげん	ひじ

（三）熟語の構成（20）

1	2	3	4	5	6	7	8	9	10
イ	エ	ア	イ	ウ	ウ	オ	ア	エ	イ

10	問2 意味	11	12	13	14	15
失望		7	1	4	3	8

（六）同音・同訓異字（20）

1	2	3	4	5	6	7	8	9	10
甘言	還元	不振	普請	斉唱	清祥 清勝	既得	危篤	押	推

（八）漢字と送りがな（10）

1	2	3	4	5
叱る	淫らな	偏っ	瞬い	弄ぶ

（九）書き取り（50）

1	2	3	4
瞳孔	冥界	循環	変貌

（下へつづく）

15	16	17	18	19	20	21	22	23	24	25
頃	企	息吹	酌	柵	繰	懐	霧	眉	頬	鍋

予想模擬テスト5

標準解答

18ページ～21ページ

(一) 読み (30)

1	2	3	4	5	6	7	8	9	10	11	12	13	14	15
るり	げんしゅく	いんとう	しゅうしゅう	かんじん	だんがい	せきちゅう	しゅくじょ	のりと	ざぜん	かま	るいせき	あらし	かんかつ	そうそんひまご

(二) 部首 (10)

1	2	3	4	5	6	7	8	9	10
氵(さんずい)	丶(てん)	女(おんな)	至(いたる)	頁(おおがい)	口(くち)	巾(はば)	自(みずから)	戸(とだれ・とかんむり)	刂(りっとう)

(四) 四字熟語 (30)

問1 書き取り

1	2	3	4	5	6	7	8	9
深長	外患	成就	連衡	必滅	天涯	一騎	盛者	活殺

(五) 対義語・類義語 (20)

1	2	3	4	5	6	7	8	9	10
召還	酷評	頑健	充実	懐柔	調和	考慮	忍耐	懸念	遺憾

(七) 誤字訂正 (10)

	1	2	3	4	5
誤	憶	採	襟	骸	抜
正	臆	載	錦	概	伐

5	6	7	8	9	10	11	12	13	14
涙腺	忠言	憧憬	韓国	語彙	風情	歯牙	排水溝	喉	割

30	29	28	27	26	25	24	23	22	21	20	19	18	17	16
とんざ	つちか	りょうしゅう	いきどお	えじき	いや	にな	いんぺい	あなど	けた	ちかく	まっしょう	さいやく	あいさつ	ひっす

(三) 熟語の構成 (20)

10	9	8	7	6	5	4	3	2	1
エ	イ	ア	ウ	エ	イ	ウ	オ	ア	エ

15	14	13	12	11	問2 意味	10
1	7	10	9	4		東奔

(六) 同音・同訓異字 (20)

10	9	8	7	6	5	4	3	2	1
射	鋳	肝要	寛容	騰貴	投棄	意匠	衣装	縦断	銃弾

(八) 漢字と送りがな (10)

5	4	3	2	1
漂っ	覆う	遡る	貪る	詣でる

(九) 書き取り (50)

4	3	2	1
頻繁	覚醒	便宜	氾濫

(下へつづく)

25	24	23	22	21	20	19	18	17	16	15
駒	雑魚	藍	野良	芯	柿	謹	匂	歯磨	凝	誰

予想模擬テスト 6

標準解答

22ページ〜25ページ

(一) 読み (30)

1	2	3	4	5	6	7	8	9	10	11	12	13	14	15
はんぷ	はんかん	とうほん	こうでい	にょじつ	そうさく	ろうおう	かっしょく	むほん	だちん	すいみん	にそう	しょうもう しょうこう	いつだつ	ふゆう

(二) 部首 (10)

1	2	3	4	5	6	7	8	9	10
土(つち)	虍(とらがしら・とらかんむり)	大(だい)	凵(うけばこ)	穴(あなかんむり)	心(こころ)	瓦(かわら)	疒(やまいだれ)	頁(おおがい)	木(き)

(四) 四字熟語 (30)

問1 書き取り

1	2	3	4	5	6	7	8	9
卓説	玉条	潔斎	隻語	墨客	感慨	謹厳	泰然	我田

(五) 対義語・類義語 (20)

1	2	3	4	5	6	7	8	9	10
稚拙	購入	概略	返済	享楽	是認	壮挙	貧困	抜粋	端緒

(七) 誤字訂正 (10)

	1	2	3	4	5
誤	否	超	制	症	穫
正	避	挑	請	傷	嚇

5	6	7	8	9	10	11	12	13	14
媒酌	充当	気泡	推奨	悠長	建立	同僚	累積	剛	時雨

16	17	18	19	20	21	22	23	24	25	26	27	28	29	30
きょうじゅん	あえん	ざいばつ	くちゅう	こかつ	す	かも	かわぐつ	ちまなこ	しもばしら	こと	ひるがえ	みじ	ふ	かや

(三) 熟語の構成 (20)

1	2	3	4	5	6	7	8	9	10
エ	ア	ア	イ	ウ	ア	オ	ウ	イ	エ

10	問2 意味	11	12	13	14	15
天衣		2	7	3	5	9

(六) 同音・同訓異字 (20)

1	2	3	4	5	6	7	8	9	10
丹精	嘆声	官邸	艦艇	警鐘	継承	誤診	護身	悼	傷

(八) 漢字と送りがな (10)

1	2	3	4	5
甚だしい	恭しく	廃れ	幸い	恨めしい

(九) 書き取り (50)

1	2	3	4
粛正	緊密	高騰	隔絶

(下へつづく)

15	16	17	18	19	20	21	22	23	24	25
仲人	隅	催	競	過	阻	坪	憩	煮	一際	怠

予想模擬テスト 7

標準解答 26ページ～29ページ

(一) 読み (30)

1	2	3	4	5	6	7	8	9	10	11	12	13	14	15
ていげん	こんがん	こくじ	ふしょう	ちょうか	さいきん	あんぎゃ	かんよう	しゅってい	きょうほん	かんにん	せいそう	けんぎ	くちく	しょうじょう

(二) 部首 (10)

1	2	3	4	5	6	7	8	9	10
亻(にんべん)	虫(むし)	山(やまへん)	走(そうにょう)	穴(あなかんむり)	瓦(かわら)	辛(からい)	儿(ひとあし・にんにょう)	广(まだれ)	田(た)

(四) 四字熟語 (30)

問1 書き取り

1	2	3	4	5	6	7	8	9
連理	楼閣	清寂	勉励	発起	堅忍	明鏡	秋霜	冷汗

(五) 対義語・類義語 (20)

1	2	3	4	5	6	7	8	9	10
悪臭	拒絶	豊富	栽培	俗界	抹消	傾倒	妥協	貢献	卓抜

(七) 誤字訂正 (10)

	1	2	3	4	5
誤	裕	層	高	衝	託
正	猶	装	硬	渉	拓

5	6	7	8	9	10	11	12	13	14
甲乙	懸垂	享受	既成	給湯	遊説	自浄	銃口	素肌	惨

16	17	18	19	20	21	22	23	24	25	26	27	28	29	30
りんり	じゅきょう	じんだい	しょうえん	ちつじょ	よい	みぞ	なつ	せ	く	いつわ	ゆ	いろど	どろなわ	くろうと

(三) 熟語の構成 (20)

1	2	3	4	5	6	7	8	9	10
ウ	イ	ア	オ	エ	イ	イ	エ	ア	ウ

10	問2 意味	11	12	13	14	15
多岐		10	6	2	8	5

(六) 同音・同訓異字 (20)

1	2	3	4	5	6	7	8	9	10
垂範	炊飯	啓示	掲示	疲労	披露	慶弔	軽重	割	裂

(八) 漢字と送りがな (10)

1	2	3	4	5
陥れる	侮る	葬ら	隔たり	遮る

(九) 書き取り (50)

1	2	3	4
挑発	相殺	威嚇	解雇

(下へつづく)

15	16	17	18	19	20	21	22	23	24	25
眺	枠	日和	拒	慌	秀	賢	砂利	魂	悟	浅瀬

予想模擬テスト8

標準解答

30ページ〜33ページ

(一) 読み (30)

1	2	3	4	5	6	7	8	9	10	11	12	13	14	15
ちゅうよう	しゃふつ	しんしん	けいりゅう	しょうかん	しゅうたい	ふしゅ	しょうりょう	ふつぎょう	せいちょう	とうてつ	あいしゅう	ゆうかい	かいそう	せんりゅう

(二) 部首 (10)

1	2	3	4	5	6	7	8	9	10
扌(つちへん)	心(こころ)	戈(ほこづくり・ほこがまえ)	頁(おおがい)	囗(くにがまえ)	石(いし)	穴(あなかんむり)	犬(いぬ)	山(やまへん)	亠(なべぶた・けいさんかんむり)

(四) 四字熟語 (30)

問1 書き取り

1	2	3	4	5	6	7	8	9
息災	苦闘	懸命	短小	北馬	出処	栄枯	森羅	勧善

(五) 対義語・類義語 (20)

1	2	3	4	5	6	7	8	9	10
蛇行	清浄	穏健	治癒	虐待	処罰	懇意	報酬	機嫌	挑発

(七) 誤字訂正 (10)

	1	2	3	4	5
誤	泰	該	線	味	徐
正	胎	涯	繊	魅	如

5	6	7	8	9	10	11	12	13	14
水槽	警鐘	双肩	包括	妥結	交錯	概算	懸案	彼岸	弔問

16	17	18	19	20	21	22	23	24	25	26	27	28	29	30
せったく	こくじ	ゆし	どたんば	ういじん	はちあ	ますめ	まゆ	す	しの	さわ	いさぎよ	うるしぬ	ほらあな どうけつ	てんません てんまぶね

(三) 熟語の構成 (20)

1	2	3	4	5	6	7	8	9	10
オ	エ	ア	ウ	イ	エ	エ	ウ	イ	ア

10	問2 意味	11	12	13	14	15
曲学		3	6	8	5	2

(六) 同音・同訓異字 (20)

1	2	3	4	5	6	7	8	9	10
錠剤	浄財	思索	施策	綱領	荒涼	雄志	有刺	吐	掃

(八) 漢字と送りがな (10)

1	2	3	4	5
穏やかな	悔やみ	酸っぱく	埋もれる	湿っぽい

(九) 書き取り (50)

1	2	3	4
勇壮 雄壮	融通	墨汁	画廊

(下へつづく)

15	16	17	18	19	20	21	22	23	24	25
雨靴	薫	兆	唆	甚	蚊	渋	老	賜	桟敷	貫

予想模擬テスト ❾ 標準解答

34ページ～37ページ

(一) 読み (30)

1	2	3	4	5	6	7	8	9	10	11	12	13	14	15
せんりつ	ひんぱん	しゅくん	ちゃくなん	しはい	おういん	かんさん	かいぎ	ぜんぞう	はあく	しゅくへい	へんしょく	ぶじょく	ちょうばつ	そうにゅう

(二) 部首 (10)

1	2	3	4	5	6	7	8	9	10
辰（しんのたつ）	隶（れいづくり）	疒（やまいだれ）	一（いち）	罒（あみがしら・あみめ・よこめ）	廾（こまぬき・にじゅうあし）	冂（どうがまえ・けいがまえ・まきがまえ）	ノ（の・はらいぼう）	竜（りゅう）	口（くち）

(四) 四字熟語 (30)

問1 書き取り

1	2	3	4	5	6	7	8	9
定離	充棟	奮闘	貫徹	一貫	千紫	免許	孤城	晴耕

(五) 対義語・類義語 (20)

1	2	3	4	5	6	7	8	9	10
受諾	紳士	喪失	哀悼	陥没	策謀	罷免	厄介	均衡	追憶

(七) 誤字訂正 (10)

	1	2	3	4	5
誤	幸	廃	連	拙	叫
正	好	排	廉	摂	響

5	6	7	8	9	10	11	12	13	14
渋滞	栽培	摩天	邸宅	照会	肯定	索引	啓発	朱	紺屋

30	29	28	27	26	25	24	23	22	21	20	19	18	17	16
かぐら	やなぎ	またた	さげす	た	へび	つつぬ	しいた	ほ	すず	びんづ	ちょうい	きゅうめい	はくちゅう	しし

(三) 熟語の構成 (20)

10	9	8	7	6	5	4	3	2	1
ウ	オ	エ	ウ	オ	エ	ア	イ	ウ	エ

15	14	13	12	11	問2 意味	10
10	2	4	8	6		隠忍

(六) 同音・同訓異字 (20)

10	9	8	7	6	5	4	3	2	1
刃	端	調髪	挑発	惨禍	傘下	冒頭	暴騰	交渉	高尚

(八) 漢字と送りがな (10)

5	4	3	2	1
赴い	装う	培う	潤し	縛る

(九) 書き取り (50)

4	3	2	1
殉職	譲渡	返還	撤廃

(下へつづく)

25	24	23	22	21	20	19	18	17	16	15
漏	貝殻	愁	慈	賄	鋼	据	但	緒	偽	喪

予想模擬テスト⑩

標準解答

38ページ～41ページ

(一) 読み (30)

1	ふしん
2	ひろう
3	きゅうじょう
4	とうじょう
5	ほんぽう
6	はき
7	ぎおん
8	じゅく
9	るいしん
10	ほうしゅう
11	せいきょ
12	じょう
13	きんこう
14	ばいよう
15	ふほう

(二) 部首 (10)

1	彳（ぎょうにんべん）
2	田（た）
3	止（とめる）
4	戈（ほこづくり・ほこがまえ）
5	刂（りっとう）
6	刀（かたな）
7	糸（いと）
8	氵（さんずい）
9	隹（ふるとり）
10	阝（おおざと）

(四) 四字熟語 (30)

問1 書き取り

1	一貫
2	砕身
3	鬼没
4	青松
5	粛正
6	呉越
7	佳人
8	酔生
9	落花

(五) 対義語・類義語 (20)

1	繊細
2	拙劣
3	騰貴
4	寛容
5	擁護
6	丹念
7	困窮
8	冷酷
9	変遷
10	撲滅

(七) 誤字訂正 (10)

番号	誤	正
1	即	促
2	掃	履
3	詰	喫
4	粧	匠
5	慕	募

5	紛失
6	来賓
7	褒美
8	誘致
9	一斉
10	輪郭
11	緊迫
12	累計
13	後悔
14	償

16	17	18	19	20	21	22	23	24	25	26	27	28	29	30
そうきょ	ぐち	すうよう	ふじょ	しゅんそく	たまわ	なわ	はだ	ひい	かたわ	おびや	すきや	あかつき	つつし	ゆかた

(三) 熟語の構成 (20)

1	2	3	4	5	6	7	8	9	10
エ	ウ	ア	ウ	オ	エ	ア	イ	エ	イ

10	問2 意味	11	12	13	14	15
荒唐		8	6	1	5	4

(六) 同音・同訓異字 (20)

1	2	3	4	5	6	7	8	9	10
脅威	驚異	生涯	渉外	清澄	声調	渓谷	警告	凝	懲

(八) 漢字と送りがな (10)

1	2	3	4	5
挑む	促し	疎い	醸し	鍛える

(九) 書き取り (50)

1	2	3	4
完遂	猶予	雰囲気	洗濯

(下へつづく)

15	16	17	18	19	20	21	22	23	24	25
黒焦	叔父	譲	紡	産声	絡	素人	水際	廃	踊	宵

予想模擬テスト⑪

標準解答

42ページ～45ページ

(一) 読み (30)

1	2	3	4	5	6	7	8	9	10	11	12	13	14	15
じじゅく	ちょうぼう	ろけん	ゆうたいるい	そうしつ	しょうほん	ひでんか	かじゅう	だっしゅう	しゅうじん	びょうとう	しゅうとく	あんたい	けいせつ	けんえん

(二) 部首 (10)

1	2	3	4	5	6	7	8	9	10
亠(なべぶた・けいさんかんむり)	口(くち)	音(おと)	大(だい)	貝(かいへん)	疒(やまいだれ)	欠(あくび・かける)	土(つち)	十(じゅう)	匸(かくしがまえ)

(四) 四字熟語 (30)

問1 書き取り

1	2	3	4	5	6	7	8	9
存亡	万丈	堅固	錯誤	兼行	威風	質実	是非	緩急

(五) 対義語・類義語 (20)

1	2	3	4	5	6	7	8	9	10
飢餓	薄暮	漆黒	汚濁	拙速	豊富	倫理	辛酸	敢闘	親密

(七) 誤字訂正 (10)

	1	2	3	4	5
誤	憤	逃	巻	命	滑
正	紛	盗	冠	銘	渇

5	6	7	8	9	10	11	12	13	14
豪華	荒涼	窮地	荘厳	掲揚	緒	酷	憂慮	断腸	弦

16	17	18	19	20	21	22	23	24	25	26	27	28	29	30
ぎんみ	ぼんさい	にんしん	へいき	ふうとう	きわ	いこ	おお	おお	かさ	かんば	とむら	つけもの	から	やえば

(三) 熟語の構成 (20)

1	2	3	4	5	6	7	8	9	10
ア	エ	イ	ウ	オ	エ	イ	ウ	ア	エ

10	問2	11	12	13	14	15
普遍	意味	10	6	2	4	8

(六) 同音・同訓異字 (20)

1	2	3	4	5	6	7	8	9	10
花瓶	過敏	腐心	普請	喚起	換気	遊閑	勇敢	駆	刈

(八) 漢字と送りがな (10)

1	2	3	4	5
奏でる	統べる	更ける	偽り	惨めな

(九) 書き取り (50)

1	2	3	4
奔走	基礎	美醜	強硬

(下へつづく)

15	16	17	18	19	20	21	22	23	24	25
瞬	削	煩	虞	専	倣	粘	接	氏神	戯	難

予想模擬テスト⑫

標準解答

46ページ～49ページ

(一) 読み (30)

1	2	3	4	5	6	7	8	9	10	11	12	13	14	15
くんぷう	しょうがい	かんきゃく	じじん	とうすい	たくえつ	ひじゅん	もうそう	けんお	こうてつ	きょうきん	じぎ	さんいつ	もんぴ	こうじょ

(二) 部首 (10)

1	2	3	4	5	6	7	8	9	10
亻(にんべん)	宀(うかんむり)	石(いしへん)	辶(しんにょう・しんにゅう)	彡(さんづくり)	ノ(の・はらいぼう)	貝(かい・こがい)	力(ちから)	豕(ぶた・いのこ)	凵(うけばこ)

(四) 四字熟語 (30)

問1 書き取り

1	2	3	4	5	6	7	8	9
滑脱	伯仲	自棄	幽谷	堕落	厚顔	和魂	酒池	二律

(五) 対義語・類義語 (20)

1	2	3	4	5	6	7	8	9	10
抑制	豪華	恭順	模倣	寡黙	交渉	殊勲	憤慨	盛衰	紛糾

(七) 誤字訂正 (10)

	1	2	3	4	5
誤	延	詰	禁	般	誘
正	伸	摘	緊	販	融

5	6	7	8	9	10	11	12	13	14
教唆	窃盗	功徳	謙虚	冒頭	真偽	撲滅	邪推	豆腐	障

16	17	18	19	20	21	22	23	24	25	26	27	28	29	30
とくそく	てっかい	きょぜつ	やくびょう	せいやく	ちゃしぶ	うやうや	ひがた	はなお	から	みさき	あま	いど	つぐな	よせ

(三) 熟語の構成 (20)

1	2	3	4	5	6	7	8	9	10
イ	エ	オ	ウ	ア	ウ	ア	イ	ウ	エ

10	問2	11	12	13	14	15
疾風	意味	8	6	10	1	3

(六) 同音・同訓異字 (20)

1	2	3	4	5	6	7	8	9	10
検討	健闘	強硬	恐慌	抱擁	包容	渋滞	縦隊	江	柄

(八) 漢字と送りがな (10)

1	2	3	4	5
覆す	懲りる	緩やかに	憤り	阻む

(九) 書き取り (50)

1	2	3	4
管弦	削減	剰余	露見 露顕

(下へつづく)

15	16	17	18	19	20	21	22	23	24	25
鎖	涼	詠	由	装	履物	長患	炊	隠	鐘	埋

予想模擬テスト⑬ 標準解答

50ページ～53ページ

(一) 読み (30)

1	2	3	4	5	6	7	8	9	10	11	12	13	14	15
がんきょう	ふんさい	かよく	えしゃく	じょくん	きんてい	ようぎょう	すいせん	とうかつ	おうへい	ほさ	こうりょう	ごうけん	けっかん	きょぎ

(二) 部首 (10)

1	2	3	4	5	6	7	8	9	10
又（また）	酉（とりへん）	戸（とだれ・とかんむり）	月（つきへん）	巾（はば）	目（め）	斗（とます）	門（もんがまえ）	灬（れんが・れっか）	衣（ころも）

(四) 四字熟語 (30)

問1 書き取り

1	2	3	4	5	6	7	8	9
豪傑	果敢	満帆	劣敗	衝天	清廉	唯我	窮余	夏炉

(五) 対義語・類義語 (20)

1	2	3	4	5	6	7	8	9	10
柔軟	自慢	妥結	陳腐	濃厚	適宜	束縛	成就	知己	昼寝

(七) 誤字訂正 (10)

	1	2	3	4	5
誤	嘱	援	聴	鋼	登
正	殖	縁	澄	項	騰

5	6	7	8	9	10	11	12	13	14
鉄瓶	解析	添乗	疾患	処遇	閑静	枢要	交渉	湾曲	検疫

16	17	18	19	20	21	22	23	24	25	26	27	28	29	30
すいせん	まっしょう	しょみん	きょうせい	せいしょう	やわ	もど	ますせき	つる げん	かいづか	ちか	わずら	さぐ	くさ	もさ

（三）熟語の構成（20）

1	2	3	4	5	6	7	8	9	10
エ	ア	エ	イ	イ	ウ	オ	ア	ウ	エ

10	問2 意味	11	12	13	14	15
理路		8	6	5	3	1

（六）同音・同訓異字（20）

1	2	3	4	5	6	7	8	9	10
譲与	剰余	応酬	押収	解雇	回顧	悠久	遊休	詰	摘

（八）漢字と送りがな（10）

1	2	3	4	5
貫く	朽ちる	強いる	併せ	眺める

（九）書き取り（50）

1	2	3	4
採択	炎症	拒否	転嫁

（下へつづく）

15	16	17	18	19	20	21	22	23	24	25
侮	据	悼	怠	葬	血眼	翻	枯	醜	憎	与

予想模擬テスト14

標準解答

54ページ～57ページ

(一) 読み (30)

1	2	3	4	5	6	7	8	9	10	11	12	13	14	15
たいへい	ちゅうすう	せんい	かぎょう	すいそう	ふんぜん	ちご	もうじゅう	しゃくりょう	れんま	しょうれい	きゅうよ	へんせん	ごんぎょう	こうどく

(二) 部首 (10)

1	2	3	4	5	6	7	8	9	10
亅(はねぼう)	田(た)	巾(はば)	彡(さんづくり)	土(つち)	玄(げん)	攵(のぶん・ぼくづくり)	卩(わりふ・ふしづくり)	耒(すきへん・らいすき)	木(き)

(四) 四字熟語 (30)

問1 書き取り

1	2	3	4	5	6	7	8	9
即妙	多岐	五裂	非才	模索	博覧	日常	面目	舌先

(五) 対義語・類義語 (20)

1	2	3	4	5	6	7	8	9	10
撤退	謙虚	醜聞	束縛	高尚	虚構	逝去	黙殺	勘弁	秀逸

(七) 誤字訂正 (10)

	1	2	3	4	5
誤	取	奨	匠	供	声
正	狩	唱	装	備	斉

5	6	7	8	9	10	11	12	13	14
巡視	慶事	砕氷	銃声	凍結	慈善	懐柔	摂取	核心	縁

16	17	18	19	20	21	22	23	24	25	26	27	28	29	30
こうぼく	じっせん	ごうけつ	ぐんじょう	かとく	たづな	たな	すた	うと	はぐき	わくぐ	ただ	わらべうた	さが	あま

（三）熟語の構成（20）

1	2	3	4	5	6	7	8	9	10
ア	ウ	ウ	イ	エ	エ	イ	オ	エ	ア

10	問2 意味	11	12	13	14	15
有為		9	6	1	2	5

（六）同音・同訓異字（20）

1	2	3	4	5	6	7	8	9	10
気品	貴賓	堅持	顕示	更迭	鋼鉄	冬至	答辞	障	触

（八）漢字と送りがな（10）

1	2	3	4	5
憩う	唆す	彩る	砕け	滴る

（九）書き取り（50）

1	2	3	4
珠玉	寛容	紹介	嫌疑

（下へつづく）

15	16	17	18	19	20	21	22	23	24	25
馬脚	芳	陥	辛	祝詞	忍	弔	崩	外堀	彫	七癖

(一) 読み (30)

1	2	3	4	5	6	7	8	9	10	11	12	13	14	15
ぜんじ	しへい	きんせん	ゆいいつ	かちゅう	だらく	しゃだん	きが	そち	こうけん	ちゆ	ぼんのう	せっしゅ	はんざつ	ぼうしょく

(二) 部首 (10)

1	2	3	4	5	6	7	8	9	10
宀（うかんむり）	髟（かみがしら）	刂（りっとう）	甘（かん・あまい）	糸（いと）	艹（くさかんむり）	𧾷（あしへん）	日（ひ）	鬼（おに）	革（かわへん）

(四) 四字熟語 (30)

問1 書き取り

1	2	3	4	5	6	7	8	9
集散	不敵	千秋	腹背	垂範	容姿	支離	老成	周知

(五) 対義語・類義語 (20)

1	2	3	4	5	6	7	8	9	10
簡潔	普遍	虚偽	慶賀	舶来	回顧	懸命	突如	撤去	伯仲

(七) 誤字訂正 (10)

	1	2	3	4	5
誤	縦	否	奮	宰	当
正	渋	秘	雰	催	到

5	6	7	8	9	10	11	12	13	14
蛍光	一抹	繊細	搭載	奉納	抱擁	誘拐	帆走	経	頑健

16	17	18	19	20	21	22	23	24	25	26	27	28	29	30
いちぐう	ぼくめつ	もとせん	も	うるわ	さ	いた	そこ	かわ	はさ	かま	なら	あ	したた	とえはたえ

（三）熟語の構成（20）

1	2	3	4	5	6	7	8	9	10
イ	ア	エ	ウ	ア	イ	エ	オ	イ	ウ

10	問2 意味	11	12	13	14	15
不偏		7	9	10	3	4

（六）同音・同訓異字（20）

1	2	3	4	5	6	7	8	9	10
審議	真偽	核心	革新	官僚	完了	極致	局地	州	酢

（八）漢字と送りがな（10）

1	2	3	4	5
企てる	控える	凝らす	紛らわしい	膨らむ

（九）書き取り（50）

1	2	3	4
覇気	弊害	卓抜	匿名

（下へつづく）

15	16	17	18	19	20	21	22	23	24	25
瀬	襟元	苗代	惜	奏	薦	請	漆塗	挑	矯	誓

☆20